# REPENSANDO LA SUBTITULACIÓN PARA PERSONAS SORDAS

Luz Belenguer Cortés

# Repensando la subtitulación para personas sordas

## Práctica profesional y retos del sector

*Granada, 2026*

Colección indexada en la MLA International Bibliography desde 2005

# EDITORIAL COMARES

# INTERLINGUA
# 421

*Colección fundada por:*

EMILIO ORTEGA ARJONILLA Y PEDRO SAN GINÉS AGUILAR

*Comité Científico (Asesor):*

ESPERANZA ALARCÓN NAVÍO Universidad de Granada
JESÚS BAIGORRI JALÓN Universidad de Salamanca
CHRISTIAN BALLIU ISTI, Bruxelles
LORENZO BLINI LUSPIO, Roma
ANABEL BORJA ALBÍ Universitat Jaume I de Castellón
NICOLÁS A. CAMPOS PLAZA Universidad de Murcia
MIGUEL Á. CANDEL-MORA Universidad Politécnica de Valencia
ÁNGELA COLLADOS AÍS Universidad de Granada
MIGUEL DURO MORENO Universidad de Málaga
FRANCISCO J. GARCÍA MARCOS Universidad de Almería
GLORIA GUERRERO RAMOS Universidad de Málaga

CATALINA JIMÉNEZ HURTADO Universidad de Granada
ÁNGELA LARREA ESPIRAL Universidad de Córdoba
HELENA LOZANO Università di Trieste
MARIA JOAO MARÇALO Universidade de Évora
FRANCISCO MATTE BON UNINT, Roma
JAVIER MARTÍN PÁRRAGA Universidad de Córdoba
ANTONIO RAIGÓN RODRÍGUEZ Universidad de Córdoba
CHELO VARGAS-SIERRA Universidad de Alicante
MERCEDES VELLA RAMÍREZ Universidad de Córdoba
ÁFRICA VIDAL CLARAMONTE Universidad de Salamanca
GERD WOTJAK Universidad de Leipzig

## ENVÍO DE PROPUESTAS DE PUBLICACIÓN:

Las propuestas de publicación han de ser remitidas (en archivo adjunto, con formato PDF) a alguna de las siguientes direcciones electrónicas: anabelen.martinez@uco.es, psgines@ugr.es

Antes de aceptar una obra para su publicación en la colección INTERLINGUA, ésta habrá de ser sometida a una revisión anónima por pares. Para llevarla a cabo se contará, inicialmente, con los miembros del comité científico asesor. En casos justificados, se acudirá a otros especialistas de reconocido prestigio en la materia objeto de consideración.

Los autores conocerán el resultado de la evaluación previa en un plazo no superior a 60 días. Una vez aceptada la obra para su publicación en INTERLINGUA (o integradas las modificaciones que se hiciesen constar en el resultado de la evaluación), habrán de dirigirse a la Editorial Comares para iniciar el proceso de edición.

Esta investigación doctoral ha contado con el apoyo financiero de la II Convocatoria de Proyectos UJI de Investigación en Compromiso Social – Banco Santander (2022) así como con las ayudas concedidas para la realización de estancias de tesis con opción a la «Mención Internacional» (2023), ambas financiadas por la Universitat Jaume I.

Maquetación: Miriam L. Puerta

© Luz Belenguer Cortés

© Editorial Comares, 2026

Polígono Juncaril • C/ Baza, parcela 208 • 18220 Albolote (Granada) • Tlf.: 958 465 382
https://www.comares.com • E-mail: libreriacomares@comares.com
https://www.facebook.com/Comares • https://twitter.com/comareseditor
https://www.instagram.com/editorialcomares

ISBN: 979-13-7033-057-6 • Depósito legal: Gr. 44/2026

Impresión y encuadernación: COMARES

# Sumario

# Índice de abreviaturas y siglas

AENOR   Asociación Española de Normalización y Certificación
CACVSA   Corporació Audiovisual de la Comunitat Valenciana S.A.
CEMA   Consejo Estatal de Medios Audiovisuales
CERMI   Comité Español de Representantes de Personas con Discapacidad
CESyA   Centro Español de la Subtitulación y Audiodescripción
CVMC   Corporació Valenciana de Mitjans de Comunicació
EPRTVIB   Ens Públic de Radiotelevisió Balear
ESIST   European Association for Studies in Screen Translation
FIAPAS   Confederación Española de Familias de Personas Sordas
INE   Instituto Nacional de Estadística
ISO/IEC   International Organisation of Standardisation / International Electrotechnical Comission
L1   lengua materna
L2   segunda lengua
RTVV   Radiotelevisió Valenciana
TV3   Televisió de Catalunya

# 1
## Introducción

En la era digital, la comunicación audiovisual está presente tanto en los medios de comunicación como en las redes sociales y, por tanto, es esencial garantizar la accesibilidad en los medios de comunicación. Las sociedades contemporáneas deben avanzar hacia la inclusión de cualquier tipo de usuario; por ende, se deben desarrollar estrategias y herramientas que ofrezcan contenidos audiovisuales accesibles a personas con cualquier tipo de discapacidad. En el caso de la población sorda o con pérdida auditiva, la subtitulación para personas sordas es fundamental para fomentar la igualdad en el consumo de contenido audiovisual: se trata de una modalidad de traducción audiovisual destinada a aquellos usuarios que, bien sea por su condición o por algún otro tipo de impedimento, no sean capaces de acceder a la pista auditiva de los contenidos audiovisuales.

Cuando nos referimos a esta práctica profesional, debemos comprender en primer lugar en qué especialidad de traducción se enmarca. Dado que la subtitulación para personas sordas se da en productos audiovisuales, se categoriza esta especialidad dentro de la traducción audiovisual. La traducción audiovisual, como ya explicaba Chaume (2004), es la modalidad de traducción que engloba los productos audiovisuales, es decir, aquellos productos cuyo mensaje se transmite mediante el canal visual y acústico: ya sea de forma intralingüística, es decir, con una única lengua, o bien interlingüística, esto es, con varias lenguas.

Si hablamos de accesibilidad en este ámbito, hacemos alusión al pleno acceso a la información, el entretenimiento y la formación a través de los medios de comunicación audiovisuales —al cine, la televisión o a internet— y eventos comunicativos —como óperas, representaciones teatrales, congresos o exposiciones museísticas— (Díaz Cintas, 2008, p. 158). En este contexto, en la accesibilidad de productos audiovisuales se hace distinción entre la interpretación de lengua de signos, la audiodescripción para personas ciegas y la subtitulación para personas sordas, la especialización que nos ocupa.

A lo largo de los años, la subtitulación para personas con discapacidad auditiva ha experimentado notables avances y, sin embargo, persisten desafíos que requieren una revisión crítica de las normativas vigentes. Desde 2001, se han aprobado diferentes leyes relacionadas con el fomento y la promoción de los medios audiovisuales que incluyen artículos sobre la accesibilidad de las personas con diversidad visual y auditiva en los medios de comunicación. Este hecho ha garantizado la presencia de la subtitulación para personas sordas tanto en la televisión como en el teatro. En 2010 se aprobó la Ley 7/2012, de 31 de marzo, General de la Comunicación Audiovisual, lo que conllevó la creación del Consejo Estatal de Medios Audiovisuales (CEMA), encargado de verificar el cumplimiento de la ley y, por lo tanto, de garantizar la accesibilidad en los medios. Como indicaba Díaz Cintas, la subtitulación para personas sordas favoreció el acceso de las personas con diversidad sensorial a los medios de comunicación audiovisual, ya que «el artículo 62 contempla la obligación por parte de las cadenas de televisión de ámbito nacional y autonómico de ofrecer una parte significativa de sus contenidos con subtitulado para sordos, audiodescripción y lengua de signos» (2008, p. 162).

El reconocimiento del derecho a la accesibilidad audiovisual ha sido progresivo y ha requerido de esfuerzos normativos, técnicos y profesionales. La Convención sobre los Derechos de las Personas con Discapacidad de la ONU (2006) enfatizó la importancia de garantizar el acceso a la información mediante tecnologías accesibles. En este contexto, la subtitulación para personas sordas no solo es un soporte para las personas con discapacidad auditiva: también es una herramienta que favorece el acceso a la cultura y el conocimiento para otros sectores de la población, como personas mayores o estudiantes de lenguas extranjeras.

A pesar de los avances normativos y tecnológicos, la implementación de la subtitulación accesible sigue enfrentando numerosos retos. La normativa española vigente, la UNE 153010:2012, ha servido como una referencia fundamental, pero presenta carencias en su aplicación práctica. Este libro surge de la necesidad de mejorar esta norma para proponer soluciones concretas para los desafíos actuales en la subtitulación accesible.

El objetivo de esta obra es reflexionar sobre esta práctica profesional para desentrañar aquellas dificultades presentes en los productos audiovisuales que no siempre pueden superarse siguiendo las guías de estilo o bien tras años de experiencia. Esto nos lleva a reflexionar sobre que, aun cuando ha habido avances normativos y tecnológicos, la implementación de la subtitulación para personas sordas sigue estando supeditada por numerosos retos que tanto subtituladores y subtituladoras profesionales como en formación no saben afrontar con una uniformidad de criterios.

Tras lo expuesto, este libro tiene como pretensión abordar aquellas dificultades propias de la modalidad de la subtitulación para sordos partiendo de un punto de vista profesional. Esto nos llevará a entender cuáles son las dificultades presentes en esta práctica en la actualidad y en qué aspectos deben ahondar los profesionales y los estudiantes en formación para superar los desafíos que ciertos materiales presentan para garantizar, así, una SPS de calidad. Por ello, se estudiarán las soluciones y alternativas que se aplican en diferentes contextos y situaciones presentes en diferentes parámetros que determinan la SPS: la posición de los subtítulos; la convergencia de subtítulos con rótulos en pantalla: la identificación de personajes mediante colores, etiquetas y guiones; los efectos sonoros; la información suprasegmental; la voz en *off*, su formato y la identificación; la música argumental; la música ambiental; las canciones; la superposición de subtítulos; la corrección y la reproducción de errores; o la presencia de marcas de la convivencia de lenguas. Para ello, partiremos de un enfoque experimental en el que subtituladores en formación y subtituladores profesionales subtitularán dos vídeos diferenciados —ficción y no ficción— con encargos diferentes —directrices basadas en la normativa y directrices alejadas de ella— para observar cómo los participantes responden a diferentes materiales, contextos y problemáticas. Asimismo, una encuesta completará el estudio para conocer, así, la opinión de los subtituladores.

Esta obra no pretende enumerar todas las prácticas que se llevan en la subtitulación para personas sordas en diferentes partes del mundo, sino que pretende reflexionar sobre estos aspectos que, si bien están recogidos por normativas españolas —tales como la norma UNE 153010, *Subtitulación para personas sordas y para personas con pérdida auditiva* (AENOR, 2012)—, no se han estudiado todas las casuísticas supeditadas por problemáticas no presentes en las guías de subtitulación para personas sordas. Por ende, partiendo de esta normativa estatal, se estudiarán todas las características que condicionan la subtitulación para personas sordas. Como profesional de la accesibilidad tanto en subtitulación para personas sordas como audiodescripción para personas ciegas, he observado dichas casuísticas y no siempre he hallado directrices específicas que ayuden a superar estas dificultades. Por ello, sería una falacia afirmar que esta obra pretende ofrecer soluciones unánimes y exclusivas para afrontar las dificultades de la subtitulación para personas sordas. En realidad, se pretende analizar dichas problemáticas desde un punto de vista objetivo para, así, ofrecer soluciones que o bien ya han sido utilizadas en la práctica profesional o bien podrían aplicarse para superar los problemas presentes en la práctica.

Este libro tiene como propósito examinar en profundidad los parámetros que afectan a la subtitulación para personas sordas para identificar sus principales limitaciones y proponer soluciones que contribuyan a mejorar la accesibilidad en el ámbito audiovisual. Para ello, también se llevará a cabo un análisis detallado de la evolución histórica de la subtitulación accesible, poniendo especial énfasis en su impacto dentro de la comunidad sorda. En este contexto, se plantea un estudio riguroso partiendo de normas como la UNE 153010:2012 con el fin de evaluar sus deficiencias y las dificultades que surgen en su aplicación práctica. A pesar de su relevancia en la regulación de la accesibilidad audiovisual, esta norma presenta ciertas carencias que determinan la la calidad y la eficacia de la subtitulación para personas sordas y con pérdida auditiva. Por ello, identificar estos problemas permitirá establecer un punto de partida para la formulación de propuestas concretas orientadas a la mejora de la subtitulación para personas sordas.

Estas reflexiones son fruto de dos andaduras paralelas que, si bien han sido simultáneas, se han complementado: una andadura profesional desde 2018 a 2024 que me ha formado como profesional en SPS en diferido —por ejemplo, documentales, series o películas— y en directo —es decir, noticiarios, magacines o ruedas de prensa, entre otros— y la audiodescripción para personas ciegas en el departamento de accesibilidad del canal de televisión À Punt; y una andadura académica en el doctorado de Lenguas Aplicadas, Literatura y Traducción en la Universitat Jaume I entre finales del año 2019 y principios de 2025, que me han hecho profundizar en la investigación del ámbito de la subtitulación para personas sordas para comprender los avances llevados a cabo hasta la fecha y el hueco que todavía yace en esta modalidad de traducción audiovisual (Belenguer Cortés, 2025a).

Las soluciones propuestas se fundamentarán en estudios recientes y en la experiencia de profesionales del sector, quienes, desde su práctica cotidiana, han identificado múltiples aspectos susceptibles de optimización. Asimismo, se abordarán cuestiones como la identificación de personajes, la gestión de efectos sonoros y la presentación de la información contextual, entre otros elementos clave que inciden en la experiencia de los usuarios y que hemos mencionado anteriormente. Asimismo, se reflexionará sobre las implicaciones prácticas de estas mejoras y se evaluará su impacto tanto en la industria del entretenimiento como en la accesibilidad audiovisual en general.

A través de este análisis, se busca aportar a la actualización de los estándares de accesibilidad audiovisual y promover, así, un modelo de subtitulación accesible que responda de manera efectiva a las necesidades de la sociedad contemporánea. La implementación de mejoras no solo beneficiará a los profesionales del sector y a estudiantes mediante directrices más precisas y adecuadas, sino que también garantizará un acceso equitativo a los contenidos audiovisuales para reforzar el compromiso con la inclusión y la igualdad de oportunidades en el ámbito de la comunicación.

# 2
# La subtitulación para personas sordas en la actualidad

Para comprender el ámbito que nos ocupa, es necesario abordar esta especialidad perteneciente a la traducción audiovisual. Como se ilustraba en la introducción, la subtitulación para personas sordas pertenece a la modalidad de traducción audiovisual dado que cuenta con un canal audiovisual y acústico que deben ser, a la par el uno con el otro, accesibles. Dicho de otro modo: tanto la información sonora como la información visual deben ser inteligibles en el producto resultante. Sin embargo, aun cuando la información visual ya está presente para el público con algún tipo de pérdida auditiva y, por tanto, entendemos que se considera que es una información accesible, no es información suficiente si la pista sonora no es inteligible en su totalidad. Este fenómeno no solamente hace referencia a las intervenciones de los interlocutores o las posibles voces en *off* que narren la historia —como ocurre en los documentales—, sino que también incluye los sonidos, la música y los gestos de los oradores que doten de información imprescindible para facilitar el seguimiento de la trama. La subtitulación para personas sordas, además de dar cuenta de los diálogos y la información oral proveniente de los interlocutores, debe indicar quién ofrece esa información —identificación de personajes—, cuándo la ofrece —sincronía labial entre el subtitulado y las intervenciones— y cómo la ofrece —información contextual y didascalias—. Esta es la principal diferencia con respecto a la subtitulación convencional: la subtitulación para personas sordas incluye, además de las intervenciones orales, la identificación de los personajes, la música, las voces en *off*, el idioma vehicular de las intervenciones y los gestos o marcas presentes en los diálogos —como las risas, el tono o la ironía, por ejemplo—. En la subtitulación convencional, el usuario es capaz de escuchar la pista de audio original en la lengua origen y los subtítulos en la lengua meta. En la subtitulación para personas sordas, el receptor principal tan solo tiene acceso a los subtítulos.

Como decíamos, la ley ampara los derechos de accesibilidad para las personas sordas o con pérdida auditiva. Esto implica que los medios de comunicación tienen la obligación de hacer accesibles sus contenidos, si bien el porcentaje depende de si la televisión es pública o privada.

A continuación, profundizaremos en la accesibilidad, poniendo especial atención en la subtitulación para personas sordas, y describiremos con detalle la evolución de esta modalidad y qué parámetros determinan su correcta elaboración.

## 2.1. Hoja de ruta: la accesibilidad

La interdisciplinariedad en el campo de la accesibilidad audiovisual es imprescindible y clave en el progreso, como ya explicaban Orero *et al.* (2007). Por ende, la colaboración entre diversos expertos en la materia, tanto investigadores como profesionales, es vital para que el producto final sea aceptado y aceptable por los receptores principales. La primera vez que se separaron los estudios de accesibilidad de los de traducción audiovisual fue en el congreso del ESIST (European Association for Studies in Screen Translation) en 1998. De acuerdo con Orero (2006), fue aquel Berlín del año 1998 cuando Chas Donaldson expresó el interés de la accesibilidad en los medios de comunicación.

Dicho interés se ha trasladado en legislación, investigación y profesionalización de la accesibilidad audiovisual, pero dicha evolución no puede llevarse a cabo de manera aislada. De hecho, la emancipación de la disciplina fue el paso inicial para que, en primer lugar, la traducción audiovisual fuese considerada una disciplina académica (Agost y Chaume, 2000). Con el paso de tiempo, la demanda exponencial de más contenidos multilingües, como exponen Reverter Oliver *et al.* (2021), suscita que existan diferentes clasificaciones de modalidades de la traducción audiovisual.

En el caso que nos ocupa, la accesibilidad es considerada una necesidad que debe ser suplida, pues la igualdad de oportunidades debe garantizarse si queremos hablar de una sociedad inclusiva; en caso contrario, se estaría excluyendo a un sector de la población simplemente por sus capacidades, como explicaron en su momento Jensen *et al.* (2002).

Según el Observatorio Estatal de la Discapacidad (2023, p. 47), se detecta un mayor avance en la inclusión de la accesibilidad universal y diseño para todas las personas, aunque no está del todo conseguido. En otras palabras: aun cuando ha habido un desarrollo tangible y una transformación de estrategias para garantizar la accesibilidad en la sociedad, las actuaciones son independientes, no existe una estrategia común o compartida que se traduzca en una metodología extrapolable a soluciones reales que atiendan las necesidades de una población diversa. En consecuencia, como ya señaló en su momento la ONCE (Observatorio Estatal de la Discapacidad, 2014), falta un corpus de conocimiento claro sobre las necesidades y las soluciones para, así, aplicar estrategias y soluciones de manera conjunta.

¿Qué variantes podemos diferenciar en la accesibilidad? Según las necesidades que presente el destinatario, encontramos diferentes tipos: podemos hacer alusión a la accesibilidad física —rampas o ascensores—, accesibilidad cognitiva —lectura fácil, información simplificada con pictogramas—, digital —páginas web accesibles con lector de pantalla y contraste ajustable— o sensorial —adaptaciones específicas para personas con pérdida visual o auditiva—. En el caso de la subtitulación para personas sordas, haríamos referencia a esta última. Sin embargo, para garantizar la accesibilidad sensorial no sería la única variante con la que se dispondría.

Para la población sorda, además de contar con la subtitulación para personas sordas, encontramos la interpretación de lengua de signos: de entrada, las lenguas de signos son aquellas que, de acuerdo con Rodríguez González (2003), se expresan mediante signos manuales y lenguaje facial, corporal y oral. Pueden percibirse de manera visual por las personas sordas o bien, para las personas sordociegas, de manera táctil, ya que no tienen acceso a medios visuales, según Pérez Senra (2019). Sin embargo, a pesar de esta diferencia, la población sorda comparte una lengua y unos valores sociolingüísticos comunes que, como expone Gras Ferrer (2006), responden a una ideología y una actitud lingüística propia. En este sentido, Quer (2006) considera que podrían categorizarse como lenguas minoritarias y minorizadas, pero según el Instituto Nacional de Estadística (2020) se trata del 2,6 % de la población de España, es decir, 1.230.000 personas. Por tanto, como explica Muñoz (2010, p. 19), hablaríamos de una minoría lingüística cultural que identifica la sordera como una diferencia y no tanto como una deficiencia.

La heterogeneidad de la comunidad sorda es un aspecto a tener en cuenta, aun cuando hagamos referencia —más adelante— de una subtitulación para personas sordas homogénea: en palabras de Lorenzo (2010), no hablamos de una accesibilidad individualizada —aunque pueda ser considerada en perspectivas futuras—. Dicha diversidad se basa en los grados de audición del receptor y determina, a su vez, el sentimiento de pertenencia a un grupo u a otro, como bien argumenta Tamayo Masero en su tesis doctoral (2015).

Según la causa, el momento o el grado de pérdida de audición, existen diferentes subgrupos de personas sordas con algún tipo de pérdida auditiva. Como expone Lieu (2015), puede afectar al reconocimiento de habla y, según Varela-Nieto y Lassaletta (2012), tener consecuencias psicológicas graves. Sin embargo, hay estudios que niegan las características psicológicas propias de la sordera (como el de Périer y De Temmerman, 1987) y, por tanto, dichas consecuencias son el resultado de una sociedad no inclusiva.

Para poder incluir la población sorda o con algún tipo de pérdida auditiva en la sociedad, es necesario conocer las diferencias. Por tanto, comenzaremos por el momento de pérdida de audición: Ramírez Camacho y García Berrocal, 2008) explican que podemos distinguir entre sordera prelocutiva y poslocutiva. La sordera prelocutiva hace alusión a la pérdida de audición antes de la adquisición del lenguaje oral, mientras que la poslocutiva implica que la pérdida auditiva ha tenido lugar después de la adquisición del lenguaje oral: por tanto, el término *sordomudo* es incorrecto y poco apropiado, pues la sordera no implica la incapacidad del habla.

Los ruidos excesivos, las infecciones de oído en la infancia, la vejez, la contaminación acústica, el exceso de cerumen o la presencia de objetos extraños en el oído pueden ser factores perjudiciales que afecten a la audición. Asimismo, se distingue entre hipoacusia —la pérdida de capacidad auditiva parcial— y cofosis o anacusia —la pérdida de capacidad auditiva total—. Hay que tener en cuenta que las hipoacusias se clasifican según el tipo de lesión, los grados de intensidad y el momento de adquisición.

Varela-Nieto y Lassaletta (2012) llevaron a cabo una clasificación y distinguen entre hipoacusia conductiva o de transmisión —problemas en el tímpano o la cadena de huesos del oído—, hipoacusia perceptiva o neurosensorial —problemas del oído interno o de las vías nerviosas—, además de coclear —cuando las células sensoriales del oído no funcionan correctamente— o retrococlear —cuando el nervio auditivo no es capaz de transmitir los impulsos del cerebro—. Asimismo, también existe la hipoacusia mixta, es decir, la pérdida de audición causada por problemas de transmisión y problemas neurosensoriales.

Por tanto, aun cuando se haga referencia a una comunidad sorda, en ella encontramos, como detalla Neves (2008), usuarios sordos y con deficiencia auditiva; sordos prelocutivos y poslocutivos; sordos oralistas y signantes; sordos que se incluyen en la mayoría oyente y sordos que se incluyen en una minoría lingüística; sordos que consideran el texto escrito una segunda lengua; personas con pérdida auditiva y con restos auditivos o memoria auditiva. Teniendo esto en cuenta, ¿cómo se genera un subtítulo ideal? Como ya indicaban De Linde y Kay (2016, p. 25), la variedad de los grados de audición implica que es difícil encontrar y diseñar un subtítulo «ideal». Tamayo Masero (2015) incidía, asimismo, en la dificultad que tiene la población sorda para leer subtítulos, puesto que la sordera afecta a la capacidad de leer y escribir, sobre todo, por la adquisición tardía del lenguaje, la dificultad en la adquisición de la conciencia fonológica y el escaso dominio léxico y sintáctico del lenguaje oral (Figueroa y Lissi, 2005). Si a esto se le añade la velocidad de lectura que tiene un joven e, incluso, un infante (Tamayo Masero, 2015), la dificultad es aún mayor. Es por esto por lo que la velocidad de los subtítulos es un parámetro que se tiene en cuenta a la hora de elaborarlos, como se ampliará más adelante.

Además, se debe tener en cuenta que hay cada vez más estudios que inciden en el uso de emoticonos o iconogramas para facilitar la comprensión de los subtítulos para usuarios con diversidad cognitiva; por ello, los profesionales también podrían beneficiarse de una formación que profundizase en la lectura fácil, como ya proponían Castro Robaina y García Domínguez (2022).

## 2.2. La evolución de la subtitulación

Para entender la subtitulación para personas sordas tal y como la conocemos hoy en día, es imprescindible impregnarse y hacer una revisión de la transformación de los subtítulos desde sus orígenes hasta la actualidad. Con este fin, profundizaremos en los orígenes y desarrollo de la subtitulación y haremos distinción entre los diferentes tipos de subtítulos y sus clasificaciones de acuerdo con diferentes autores.

El uso de los subtítulos, tal y como apunta Gómez Martínez (2013), se remonta a los orígenes del cine: los conocidos como *intertítulos*, esto es, los rótulos que intercalaban los fotogramas de las películas en el cine mudo para, así, complementar la imagen y dotarla de significado hasta la llegada de la sonorización del cine. Las imágenes, si bien trataban de contar una historia, no eran suficientes cuando se proyectaban durante quince minutos o más, puesto que al principio se concebían para durar un minuto. Por este motivo, la continuidad entre los planos y los fotogramas debían ir de la mano y, como ya explicaban Gaudreault y Jost (1995), no dar lugar a la incomprensión. Por ello, antes de la llegada de los intertítulos, tal como expone Arriaga Benítez (2019), existía un presentador que dotaba el cine de significado y colaboraba en la construcción del relato, sobre todo en momentos de elipsis o *flashbacks*.

La primera película registrada con intertítulos es, según Elliot (2003), *Scrooge* o *Marley's Ghost,* un filme de 1901 dirigido por Walter R. Booth basado en el popular cuento de Charles Dickens. Este tipo de medidas facilitaron, como indicaba Chion (2004), una edición cinematográfica precoz: los subtítulos otorgaban claridad y, además, reflejaban la íntima relación entre la voz y la palabra escrita, ya que los intertítulos reflejaban lo que la imagen no podía transmitir. Por tanto, podríamos decir que los intertítulos cumplían con dos funciones distintas: una función lingüística y una función narrativa. Ya lo explicaba Gómez Martínez (2013): orientan al espectador entre las posibles interpretaciones de una acción visual, dotan el largometraje de un sentido ideológico, dan nombre a los personajes, los lugares y las épocas, todo aquello que la imagen no puede definir, y ofrecen un discurso directo en los diálogos entre personajes mediante las réplicas de los personajes.

Los intertítulos facilitan la construcción de los personajes, ubican el tiempo y el espacio de las diferentes escenas y ayudan en el seguimiento de la trama. Con la llegada del cine sonoro, los intertítulos dejaron de utilizarse, ya que los diálogos permitían el seguimiento de la trama del filme. Sin embargo, el recurso de textos integrados se continuaba utilizando en cartas, notas y carteles.

Hasta 1916 hasta no conoceremos el concepto de subtítulo tal y como lo concebimos en la actualidad. De hecho, la primera película íntegramente subtitulada es *Mireille* (1922) de Servaès, con subtítulos sincrónicos en pantalla, es decir, con subtítulos que se emitían al mismo tiempo que la imagen, como explican académicos como Gottlieb (1997) o Bartoll (2008). En el caso de los subtítulos que conocemos hoy en día, observamos que se describe de maneras diferentes: si observamos la definición de la Corporació Valenciana de Mitjans de Comunicació, se describe la subtitulación como el pautado del texto original para preservar las unidades de sentido y la sincronización entre los subtítulos. Dicho de otro modo: hablamos de dos códigos diferentes, el oral y el escrito, y cómo la subtitulación refleja en el código escrito información presente en el código oral. Los subtítulos nos recuerdan, cada vez que los activamos, que desconocemos un tipo de sistema lingüístico —texto oral— que cuenta con su traducción —texto escrito—. Por tanto, el subtítulo se convierte en el centro de la narración del producto audiovisual: se convierte en un recurso del relato, esto es, un elemento más de la narración.

Cuando hacemos referencia a la subtitulación dentro de la modalidad de traducción audiovisual, encontramos académicos como Díaz Cintas y Reamel (2020) o Tamayo

Masero (2015) que afirman que se trata de una traducción vulnerable. ¿La razón? La coexistencia entre el texto original y la traducción: el espectador tiene acceso al texto original (oral) y el texto traducido (escrito), por lo que tiene acceso a la lengua origen y a la cultura.

Investigadores como Ivarsson (1992), Ivarsson y Carroll (1998), Gottlieb (1997) y Díaz Cintas (1997) son referentes esenciales para adentrarse en la subtitulación como disciplina. Matamala (2019), otra autora referente en la traducción audiovisual, llevó a cabo un resumen en el que sintetizaba las últimas tendencias en el ámbito de la traducción audiovisual y su evolución en los últimos años. Hay estudios de subtitulación desde un punto de vista prescriptivo (Perego, 2009; Bartoll, 2010), desde los referentes culturales (Pedersen, 2011) y desde el humor (Martínez Sierra, 2009), pero también existen estudios que parten de una visión histórica (Izard, 2001), empírica (Nikolić, 2018) y pedagógica (Talaván, 2013), entre otras categorías. Fue a finales del s. xx cuando nace la subtitulación para personas sordas, aunque, como ya indicó Szarkowska (2013), el subtitulado en una misma lengua del producto audiovisual podía facilitar la comprensión del público con algún tipo de pérdida auditiva. No obstante, como veremos más adelante, hay parámetros y características propios de la subtitulación para personas sordas que deben atenderse, respetarse y aplicarse.

Si nos remontamos a los orígenes de la subtitulación para personas sordas, fue en 1970 cuando la BBC comenzó a emitir programas con subtítulos para personas sordas y, en septiembre de 1990, Radiotelevisió Valenciana (RTVV) comenzó a seguir su ejemplo en TV3, seguido de TVE y otras televisiones autonómicas mediante el teletexto, como explicaba Matamala (2019). En 1993, FIAPAS, la Confederación Española de Familias de Personas Sordas, celebró el Simposio Internacional sobre la Supresión de Barreras de Comunicación que, como ya explicaba Cuéllar (2016), supuso un gran avance en el ámbito: fue así como se inició una videoteca subtitulada para personas sordas (1993-2009); en 2005, la creación del Centro Español de la Subtitulación y la Audiodescripcion (CESyA) germinó la promoción de la accesibilidad en los medios audiovisuales de personas con discapacidades auditivas y visuales. Asimismo, desde 2001 se observa una evolución legislativa en España se han aprobado diferentes leyes relacionadas con el fomento y la promoción de medios audiovisuales accesibles para garantizar la presencia de la subtitulación para personas sordas en el cine y en la televisión. Una muestra de ello es la Ley General de Comunicación Audiovisual 7/2010, de 31 de marzo, como explicaba Díaz Cintas (2012), que determinó la creación del Consejo Estatal de Medios Audiovisuales (CEMA). Esta entidad fue la que comenzó a velar por el cumplimiento de la ley, lo cual garantizaba el acceso a los medios de las personas con discapacidad sensorial mediante el uso de la subtitulación para personas sordas, la audiodescripción y la interpretación en lengua de signos.

A raíz de estos avances, presentamos un cuadro resumen con los acontecimientos más importantes adaptado de la información de Álvarez Álvarez (2014, pp. 164–166).

| Año | Lugar | Acontecimiento |
|------|-------|----------------|
| 1895 | París | Nace el cine mudo. |
| 1927 | EE. UU. | Nace el cine sonoro con la película *El cantor de jazz*; desaparecen los carteles de diálogo y se margina a las personas sordas. |
| 1971 | Reino Unido | La BBC se convierte en pionera europea en subtitulación e introduce el teletexto. |
| 1972 | EE. UU. | ABC y NBC graban una película con subtítulos ocultos, transmitida por la cadena pública PBS. |
| 1975 | EE. UU. | NBC solicita a la Comisión Nacional de Comunicaciones una fracción del canal de TV para subtítulos ocultos. |
| 1976 | EE. UU. | NBC asigna la línea 21 del intervalo en blanco vertical (VBI) al uso de subtítulos ocultos. |
| 1979 | EE. UU. | La empresa EGG fabrica el primer codificador y decodificadores para usuarios. |
| 1979 | Reino Unido | La BBC emite el primer programa subtitulado: el documental Quietly in Switzerland. |
| 1980 | EE. UU. | Las cadenas NBC, ABS y PBS transmiten tres horas semanales con subtítulos ocultos. |
| 1982 | EE. UU. | Instatext (TSI) desarrolla el primer programa de subtitulación en tiempo real, usado en los Premios Oscar. |
| 1984 | EE. UU. | PBS emite por primera vez en inglés y español *The voyage of the Mini* con subtítulos ocultos. |
| 1990 | EE. UU. | Se aprueba la Television Decoder Circuitry Act, que obliga a incluir decodificadores en televisores a partir de 1993. |
| 1990 | España | TVE y TV3 comienzan a utilizar ocasionalmente servicios de teletexto. |
| 1993 | España | FIAPAS e IMSERSO celebran un simposio internacional sobre eliminación de barreras con expertos de la BBC. |
| 1996 | EE. UU. | La Comisión Nacional de Comunicaciones decreta que todas las películas en TV deberán tener subtítulos ocultos desde 2003. |
| 2008 | Reino Unido | La BBC subtitula toda la programación de todos sus canales. |

Tabla 1. *Eventos importantes en la historia de la subtitulación para personas sordas.*
*(Álvarez Álvarez, 2014, pp. 164–166).*

No obstante, en lo que respecta a la accesibilidad, en la actualidad todavía existen carencias que requieren nuestra atención. Un ejemplo de ello es el informe del Comité de Derechos de las Personas con discapacidad de la ONU sobre la calidad de la educación inclusiva en España (2017), como muestran la obra de Font Bisier (2024) desde la perspectiva del cine o Reverter Oliver (2023) desde la perspectiva educativa. Por su parte, el Comité Español de Representantes de Personas con Discapacidad (CERMI, 2023) expuso las herencias identificadas como obstáculos en el camino de la inclusión, ya que, como explica Font Bisier (2023, pp. 48–53), factores como la visión mística de la discapacidad, el uso de la terminología incorrecta, la estigmatización y la falta de tacto, la baja presencia laboral o empobrecimiento, la falta de legislación específica, el patrimonio inaccesible o bien la falta de cooperación y convivencia normalizada inciden en la no inclusión de las personas con discapacidad en la sociedad. Por ello, Estrategia Española ha redactado una publicación de la agenda 2022–2030 (Ministerio de Derechos Sociales y Agenda 2030, 2022) que muestra la realidad del colectivo y se ha establecido un plan por parte del Observatorio Estatal de la Discapacidad.

Por tanto, los productos audiovisuales sin adaptación para personas con discapacidad todavía persisten en la sociedad, aun cuando se ha intentado establecer convenciones universales de la subtitulación, como las de Karamitroglou (1998) y Carroll y Ivarsson (1998), o convenciones en España, como la de Torralba Miralles *et al.* (2019). No obstante, en la subtitulación para personas sordas no encontramos criterios íntegramente unificadores —más allá de la norma UNE 153010:2012—. Esto se traduce en que, dependiendo del medio de comunicación en cuestión, se seguirán unas convenciones u otras.

### 2.3. PARÁMETROS DE LA SUBTITULACIÓN PARA PERSONAS SORDAS

En primer lugar, es importante diferenciar entre la subtitulación convencional y la subtitulación para personas sordas. Cuando hablamos de subtitulación, encontramos diferentes tipologías. Díaz Cintas (2012) distingue entre subtítulos interlingüísticos estándares e inversos, subtítulos intralingüísticos en la lengua materna o en la segunda lengua y los subtítulos bilingües.

En el caso de los subtítulos interlingüísticos estándares, se produce un traspaso de la información de una lengua a otra, ya que la lengua del producto audiovisual es una segunda lengua (L2), esto es, desconocida para el receptor, y la lengua de los subtítulos, la materna (L1), es decir, la lengua nativa para el receptor principal. Lo contrario ocurre en los subtítulos interlingüísticos estándares, ya que los subtítulos están en la L2 y la pista sonora del producto audiovisual, en la L1. Sin embargo, en ambos casos encontramos dos lenguas diferentes. La razón por la que se utilizan los subtítulos lingüísticos inversos se limita al aprendizaje de lenguas, ya que ayuda a los estudiantes a ampliar su léxico en lengua extranjera. (Lambert, 1981; Danan, 1992).

Esto difiere de los subtítulos intralingüísticos, que solo cuentan con una única lengua. Por tanto, la pista sonora y los subtítulos tendrán la misma lengua, a diferencia de algunos matices respecto al código oral y al escrito. En primera instancia, se crearon con la intención de facilitar la comprensión a los espectadores con algún tipo de pérdida auditiva; no obstante, esto no es suficiente, ya que, como indica Arnáiz Urquiza (2012), es necesario representar el contenido sonoro además de las intervenciones de los interlocutores. Finalmente, los subtítulos bilingües presentan dos lenguas diferentes para una pista sonora que está en una única lengua. Esto es habitual en plataformas como Netflix, Max, Disney+ o Amazon Prime, por lo que estos subtítulos ya no quedan aislados en los festivales.

En cuanto a los subtítulos para personas sordas, es importante recordar que, si bien suelen ser intralingüísticos, como explicábamos con anterioridad, esto no implica que no contengan más elementos que difieren de una subtitulación condicional. Como se explicará a continuación, las personas sordas necesitan que los subtítulos tengan una adecuación por lo que respecta a la velocidad de lectura, que se identifique a los personajes en todo momento, que los efectos sonoros y las músicas estén subtitulados si no son deducibles por la imagen y que la información contextual esté reflejada; cuando hablamos de información contextual, nos referimos a los elementos suprasegmentales, sonidos vocales —a excepción del habla— e indicadores de forma y cantidad (AENOR, 2012). Se presenta una síntesis de las diferencias entre la subtitulación para personas sordas y la subtitulación convencional en la siguiente tabla:

| Subtitulación para personas sordas | Subtitulación convencional |
| --- | --- |
| Texto adecuado a la velocidad de lectura adaptada para la población sorda, pero con detalles imprescindibles para seguir la trama. | Fiel al diálogo original y respetando la velocidad de lectura. |
| La identificación de personajes se realiza mediante colores, etiquetas o guiones. | No se usan colores ni etiquetas para identificar a los personajes; solo se emplean guiones para diferenciarlos. |
| Los sonidos y la música se incluyen en la subtitulación para personas sordas si la imagen no los muestra claramente. | Los sonidos no se incluyen en la subtitulación; la música solo se subtitula si la letra de la canción es relevante para la trama. |
| La Información contextual debe estar reflejada. | La información suprasegmental puede reflejarse o no. |

Tabla 2. *Diferencias entre la subtitulación para personas sordas y la subtitulación convencional. Fuente: Belenguer Cortés (2025a, p. 42).*

Como se puede observar, dichas diferencias dieron lugar a que se publicara en 2003, a través de *AENOR, la norma UNE 153010: Subtitulación para personas sordas y personas con discapacidad auditiva. Subtitulado a través del teletexto*, una normativa que establecía pautas de la subtitulación para personas sordas mediante el texto y que explicitaba los parámetros que había que tener en cuenta en la subtitulación para personas con algún tipo de pérdida auditiva. Años más tarde, en 2012, dicha normativa fue sustituida por *Norma UNE 153010:2012 Subtitulado para personas sordas y personas con discapacidad auditiva.*

Como encontramos diversos códigos de significación que operan simultáneamente en el texto audiovisual (Chaume, 2004, p. 19) y que, asimismo, afectan a los subtítulos para personas sordas (Belenguer Cortés, en prensa), aunque, como explica Bolaños-García-Escribano (2017, p. 228), cada modalidad de traducción audiovisual se ve supeditada por sus propias restricciones, pero también por el contexto en el que tienen lugar. En los productos audiovisuales podemos encontrar diálogos fílmicos, es decir, intervenciones prefabricadas, premeditados y elaboración con antelación (Chaume, 2020), lo conocido como *dubbese* u «oralidad prefabricada» (Chaume, 2001, p. 77). Sin embargo, los diálogos también pueden ser espontáneos, sobre todo en productos de no ficción y, por tanto, no están sujetos a ningún diálogo redactado con anterioridad.

En este caso, como nos referimos a un texto oral que pasa a convertirse a un texto escrito (Díaz Cintas y Remael, 2007, p. 61), encontramos que el subtítulo se convierte en el puente entre ambos códigos. En cualquier caso, la subtitulación debe ser sincrónica con lo que dicen los interlocutores en la entrada y la salida de los subtítulos (Díaz Cintas, 2005). Como bien explicaba Liu (2014, p. 1103), la subtitulación, a diferencia de la traducción *per se*, implica restricciones del tiempo y espacio, de sincronización y de limitación de caracteres por línea, el cambio del código oral al código escrito y el seguimiento de unas convenciones propias de dicha modalidad. Por tanto, no se trata de una transcripción literal de la lengua, sino que debe permitir leer los subtítulos para comprenderlos y, a su vez, permitir observar la imagen (Cambra *et al.*, 2009, p. 147).

En consecuencia, aducimos que los subtítulos necesitan una serie de adaptaciones (Tamayo Masero, 2015), ya que en ocasiones los subtítulos son demasiado rápidos y presentan un léxico inadecuado y nos encontramos ante una traducción diamésica (Eugeni y Gambier, 2023). Por su parte, Díaz Cintas y Anderman (2009) explican que se ofrece tanta información en la subtitulación para personas sordas que el receptor no es capaz de aprehenderla; en ocasiones ocurre lo contrario: la información es insuficiente y hay que añadir más para hacer una adecuación total del mensaje semiótico.

Por consiguiente, ¿qué aspectos deben tenerse en cuenta a la hora de llevar a cabo la subtitulación para personas sordas? Con frecuencia, los parámetros que se tratan se clasifican en aspectos temporales, aspectos visuales y aspectos lingüísticos, aunque existen diversas taxonomías que parten de aspectos técnicos, lingüísticos o pragmáticos (Bartoll, 2008; Arnáiz-Uzquiza, 2012a, 2012b). En esta obra, presentaremos los aspectos incluidos en la norma UNE 153010:2012 (AENOR, 2012), ya que son los aspectos contemplados por la normativa y que, a su vez, son parámetros contemplados por profesionales y universidades a la hora de subtitular productos audiovisuales para personas sordas en España.

Para comprender la subtitulación para personas sordas en su totalidad, partiremos de los siguientes parámetros según la norma UNE 153010:2012, entre los que distinguimos aspectos temporales, aspectos visuales, identificación de personajes, efectos sonoros, información contextual y voces en *off*, música y aspectos lingüísticos, tal y como se indica en la siguiente tabla:

| Parámetros de la subtitulación para personas sordas | |
|---|---|
| Aspectos temporales | Velocidad de subtítulos<br>Sincronía y duración de los subtítulos<br>Pausa de los subtítulos<br>Velocidad de lectura |
| Aspectos visuales | Formato: segmentación, posición en pantalla, caracteres por línea, color y fuente |
| Identificación de personajes | Colores, etiquetas y guiones |
| Efectos sonoros | Sonidos no atribuibles a personajes |
| Información contextual y voces en *off* | Código paralingüístico: emociones, intenciones comunicativas y gestos sonoros |
| Música | Música ambiental y argumental |
| Aspectos lingüísticos | Convenciones ortotipográficas, léxico y sintaxis |

Tabla 3. *Parámetros de la subtitulación para personas sordas.*

Como se observa, la clasificación de los diferentes parámetros se rige por parte de la norma y engloba diferentes subáreas que se desgranaran a continuación.

En lo que respecta a los aspectos temporales, encontramos características que hacen alusión en exclusiva al tiempo de exposición de los subtítulos. En primer lugar, encontramos la velocidad de los subtítulos, que no debe confundirse con la velocidad de lectura. Diferentes académicos y guías de estilo han reflexionado sobre el tiempo que necesitan los subtítulos para ser leídos en pantalla; no obstante, este aspecto está íntimamente relacionado con el receptor, ya que no leerá a la misma velocidad un infante, un adulto y una persona con algún tipo de discapacidad, por ejemplo. Estos aspectos deben tenerse en cuenta, puesto que, aun cuando la subtitulación convencional también se rija por este aspecto temporal, el receptor principal difiere del de la subtitulación para personas sordas.

Diversos autores y autoras como Souto Rico (2021) explican que la evolución de los caracteres por segundo partió de tener 10,67 caracteres por segundo de acuerdo con la propuesta de Díaz Cintas (2008) a 15 caracteres por segundo el 2010, como indica también la guía de estilo de la British Broadcasting Corporation (BBC, 2019). Martí Ferriol (2012) explica que el citado Díaz Cintas (2003) y Chaume (2004) han hecho repasos exhaustivos sobre la evolución de la investigación de la subtitulación, que se inició en la década de los noventa. Asimismo, hay diversos académicos que recomiendan adaptar los caracteres por segundo a 12 por segundo en el caso del público sordo infantil (Tamayo Masero, 2015; De los Reyes Lozano, 2015; De Higes Andino y Cerezo Merchán, 2018).

Como en cualquier modalidad, los subtítulos deben ser sincrónicos. En la traducción audiovisual, encontramos limitaciones determinadas por aspectos espaciales y temporales (Varga, 2021), pero la sincronía en los subtítulos es, como indican múltiples autores, un parámetro fundamental (Chaume, 2004; Pedersen, 2011; Díaz Cintas i Remael, 2020;

Bolaños-García-Escribano *et al.*, 2021; Nikolić, 2021), ya que va determinado por la duración y la entrada y la salida de los subtítulos en pantalla.

Es importante recalcar la diferencia entre la sincronía entre imagen y subtítulo y la sincronía entre el sonido y el subtítulo (Ivarsson y Carroll, 1998): en el primer caso, el subtítulo refuerza la imagen de la pantalla, mientras que la sincronía entre el sonido y el subtítulo coincide con la representación audible del sonido (Tamayo Masero, 2015). Por tanto, en la subtitulación los aspectos temporales pesan todavía más, si cabe, que en el doblaje. Según la norma UNE 153010:2012, en la subtitulación para personas sordas la entrada y salida de los subtítulos debe coincidir —siempre que sea posible— con el movimiento labial, los cambios de plano, la locución y la información sonora (AENOR, 2012). Asimismo, la pausa entre subtítulos es necesaria para que el ojo humano sea capaz de detectar un nuevo subtítulo (International Organisation of Standardisation y International Electrotechnical Comission, ISO/IEC, 2018).

Aunque hay autores como Ivarsson, (1992), Karamitroglou (1998), Castro-Roig (2001), Mayoral Asensio (2001), Sponholz (2003), Díaz-Cintas y Remael (2007, 2020), Orrego Carmona (2015) o De Higes Andino y Cerezo Merchán (2018) estudian y reconocen la importancia de respetar y de que haya un número mínimo de *frames* o milisegundos de pausa entre subtítulos, no se ha establecido una cifra específica. No obstante, dichos académicos coinciden en la necesidad de hacer esta pausa para diferenciar los subtítulos.

Dicho de otro modo: para hacer un cálculo correcto de la pausa, la duración de los subtítulos y que, a su vez, sean sincrónicos, debe respetar la velocidad de lectura que, como se ha observado con anterioridad, difiere entre el público general y el público sordo o con algún tipo de pérdida auditiva. Por tanto, los subtítulos para personas sordas requerirán más tiempo de exposición para ser leídos si tenemos en cuenta sus competencias lingüísticas (Tamayo y Chaume, 2016, p. 310). Asimismo, hay que tener en cuenta que los espacios también se consideran caracteres e inciden en el recuento de caracteres por línea y por subtítulo (en general, compuesto por una o dos líneas). Bartoll (2015, p. 116) menciona que el número de caracteres oscila entre los 20 y los 40, pero las empresas prefieren 36 caracteres en una línea y, por tanto, 72 caracteres en un subtítulo de dos líneas (Varga, 2018, p. 511).

Serrat Roozen (2020) ha llevado a cabo estudios sobre la velocidad de la subtitulación para personas sordas e indica que el tiempo de exposición oscila entre los 16 caracteres por segundo y 20 caracteres por segundo; es decir, coincide con autores como Fresno (2019), Kruger y Steyn (2014) o Martí Ferriol (2023). Asimismo, la autora indica, al igual que la BBC (2018) que los subtítulos de 15 caracteres por segundo son los más normativos y los más utilizados, a diferencia de los 20 caracteres por segundo que utilizan por plataformas como Netflix. Por su parte, Pedersen (2017) argumenta que el tiempo de exposición de los subtítulos en pantalla aumenta el tiempo que el usuario necesita para leer los subtítulos. Por tanto, a mayor velocidad de exposición, mayor tiempo fija la vista el usuario en el subtítulo. Aunque la pausa de los subtítulos no está presente en las guías de subtitulación para personas sordas (Karamitroglou, 1998; Castro-Roig, 2001), Serrat Roozen (2020) expone el tiempo mínimo y máximo de un subtítulo en pantalla: un segundo como mínimo y seis como máximo.

| Aspectos temporales | | |
|---|---|---|
| **Velocidad de subtítulos** | Se refiere a los caracteres por segundo. No debe confundirse con la velocidad de lectura. | 15 caracteres por segundo sería lo estándar, pero se recomiendan 12 para el público infantil. |
| **Sincronía y duración de los subtítulos** | Los subtítulos deben coincidir temporalmente con el audio, la imagen y los elementos visuales. | Mínimo: 1 segundo. Máximo: 6 segundos. |
| **Pausa de los subtítulos** | Necesaria para diferenciar subtítulos y permitir que el ojo perciba el cambio. | No hay un valor fijo. |
| **Velocidad de lectura** | Por línea: 36 caracteres preferidos. Por subtítulo (dos líneas): hasta 72 caracteres. | A mayor velocidad, mayor tiempo que el usuario fija la vista en pantalla: las personas sordas requieren más tiempo de exposición. |

Tabla 4. *Aspectos temporales de la subtitulación para personas sordas.*

En lo que respecta a los aspectos visuales, como se exponía en la Tabla 3, los subtítulos para personas sordas presentan un formato específico que incluye la segmentación, la posición en pantalla, los caracteres por línea, el color y la fuente de los subtítulos. Los criterios responden a las necesidades de personas con algún tipo de pérdida auditiva (Souto Rico, 2021) que se traducen en directrices prácticas (González-Iglesias González, 2012) que deben garantizar una calidad y una homogeneidad razonable en la presentación de los subtítulos. Perego (2009), por su parte, señala que es importante comprender cómo funciona el acto de lectura:

En primer lugar, hay que comprender que cada receptor tiene una velocidad de lectura diferente (Tamayo Masero, 2015), los receptores leen los subtítulos de manera automática, conozcan o no la lengua vehicular (d'Ydewalle *et al.*, 1987, 1991), el tiempo medio de exposición de los subtítulos no se adecua a todos los usuarios —ya que hablamos de un público heterogéneo— y esto hace que tanto la exposición como el pautado no sea idóneo en todos los casos. Todos estos aspectos, junto con otras restricciones —como la multimodalidad y las características multisemióticas (Romero-Muñoz, 2025)— hacen que los subtítulos sean una actividad perceptiva complicada y estresante. Por ende, aun cuando se persigue una uniformidad y homogeneidad en la presentación y, en general, en las convenciones de los subtítulos, la idoneidad no está garantizada para todos los usuarios (ISO/IEC, 2018).

Por esta razón, diversos académicos han llevado a cabo una aproximación en cuanto a la segmentación se refiere. Karamitroglou (1998) sugiere la segmentación por nodos sintácticos, de forma que la lectura requiera un menor procesamiento de la información. La norma UNE 153010:2012, de hecho, aconseja aprovechar las pausas gramaticales o los signos de puntuación, las pausas interpretativas y los silencios, escribir en la línea inferior las conjunciones y no separar los sintagmas nominales, verbales y preposicionales. No obstante, dichos consejos no siempre son aplicables —como ocurre, por ejemplo, en la subtitulación para personas sordas en directo, como explicaremos más adelante—. En cualquier caso, estudios como el de Rajendran *et al.* (2013) demuestran que una segmentación adecuada puede suponer una experiencia de visionado más natural y constante.

Cuando hablamos de la posición en pantalla, hacemos alusión al lugar donde aparecen los subtítulos (Bartoll, 2008). Según las diferentes normativas y la práctica generalizada, encontramos la posición vertical y horizontal. La más generalizada es la posición inferior centrada (Neves, 2005) —es decir, la posición {\an2}, como mostramos a continuación—, pero como indica Arnáiz-Uzquiza (2012a), se puede ver modificada en casos en los que la imagen presente información extralingüística, texto insertado o si cubre el rostro de los interlocutores, como se observa en la Tabla 5.

| 7<br>{\an7} | 8<br>{\an8} | 9<br>{\an9} |
|---|---|---|
| 4<br>{\an4} | 5<br>{\an5} | 6<br>{\an6} |
| 1<br>{\an1} | 2<br>{\an2} | 3<br>{\an3} |

Tabla 5. *Resumen numérico de las posibles posiciones de los subtítulos en pantalla.*

En general, en España, los efectos sonoros y la música se colocan en la posición {\an9} —esquina superior derecha—, a diferencia de los diálogos (Arnáiz-Uzquiza, 2015). Respecto al color y la fuente, es más recomendable el color amarillo para películas en blanco y negro y el blanco se utiliza de manera más habitual para normoyentes en la subtitulación convencional (Díaz Cintas y Remael, 2020). No obstante, como veremos seguidamente, en la subtitulación para personas sordas los colores son relevantes para la identificación de personajes. Asimismo, por cuestiones de legibilidad, se recomienda una caja sombreada o negra si el contorno de la fuente no ayuda (Díaz Cintas y Remael, 2020) y fuentes como Arial 32 o Arial 30 (ISO/IPC, 2018; BBC, 2019; Zárate, 2021). AENOR (2012), por su parte, no indica una fuente específica, siempre y cuando sea legible. Mostramos una síntesis de los aspectos visuales a continuación:

| Aspectos visuales | | |
|---|---|---|
| **Segmentación** | División del texto en líneas y subtítulos | Basada en nodos sintácticos: evitar separar sintagmas, usar pausas gramaticales, signos de puntuación y silencios. |
| **Posición en pantalla** | Lugar donde aparecen los subtítulos con respecto a la imagen de la pantalla. | En general, los subtítulos van centrados abajo ({\an2}), pero la música y los efectos sonoros van en la esquina superior derecha ({\an9}). |
| **Color** | No es el mismo uso del color en subtitulación convencional y subtitulación para personas sordas. | Si no se utiliza el color para identificar personajes, los subtítulos irán en blanco y en amarillo en películas en blanco y negro. |
| **Fuente y legibilidad** | Tipo de letra: Arial 30 o 32. | Uso de caja negra o contorno para mejorar contraste y legibilidad. |

Tabla 6. *Aspectos visuales de la subtitulación para personas sordas.*

Como decíamos, la identificación de personajes es esencial para la subtitulación para personas sordas, ya que facilita que el espectador sea capaz de asociar los diálogos con los personajes en pantalla (Arnáiz-Uzquiza, 2012a, p. 110). En España, la norma UNE (2012) da prioridad a tres maneras en las que se puede identificar a los personajes: colores, etiquetas y guiones.

En lo que respecta a colores, como decíamos anteriormente, facilita al espectador no oyente identificar a los personajes, sobre todo cuando no están en pantalla, se interrumpen entre ellos o, simplemente, el receptor no es capaz de determinar con claridad quién es el emisor. Según el tipo de emisión, la existen dos distinciones (AENOR, 2012): en las películas, el personaje con más diálogo utilizará el color amarillo; en documentales, el color blanco será para el presentador en voz en *off*, pero si el presentador hace de entrevistador —como ocurre en los documentales—, se utilizará el color amarillo para el presentador y el blanco para el resto de interlocutores por ser el color más legible (BBC, 2019).

Asimismo, la norma indica qué colores están disponibles, siguiendo el siguiente orden: blanco, amarillo, cian, verde y magenta. No obstante, si dichos colores no están disponibles, ya se han asignado a un personaje o bien hay riesgo de confusión, se utilizarán las etiquetas, es decir, se pondrá el nombre del personaje en mayúsculas y entre paréntesis al inicio del subtítulo. Ejemplo: *(ALICIA)*. Dicha etiqueta, en caso de utilizarse asiduamente a lo largo del producto audiovisual, podrá abreviarse si en la primera aparición de esta se indica. Ejemplo: *(ALICIA-AL)*. Siguiendo este formato, a partir de las siguientes intervenciones se puede utilizar la forma abreviada, esto es, (AL), ya que el receptor leerá más rápidamente la etiqueta si requiere menos caracteres. Las etiquetas pueden también utilizarse para indicar que dos personajes hablan a la vez —*(A LA VEZ)*— o cuando el emisor es más de uno —*(TODOS)*—.

Finalmente, los guiones pueden utilizarse cuando hay dos intervenciones de dos personajes sin color en un mismo subtítulo (AENOR, 2012). De hecho, los guiones se escribirán a principio de frase para indicar quién dice qué, como cuando se reproduce un diálogo en un texto literario, a excepción de que no se utilizaría la raya, sino el guion corto (-), ya que la raya no es visible en el teletexto.

| Identificación de personajes | | |
|---|---|---|
| **Colores** | Asignan un color diferente a cada personaje para facilitar su identificación. | El amarillo es para el personaje principal (filmes) y el blanco, para el presentador en *off* (documentales). Orden: blanco, amarillo, cian, verde, magenta. |
| **Etiquetas** | Nombre del personaje en mayúsculas entre paréntesis y al principio. | Ejemplo: *(ALICIA)*. Se puede abreviar: *(ALICIA-AL)* → *(AL)*. También: *(A LA VEZ), (TODOS)* |
| **Guiones** | Se usan cuando hay dos personajes sin color en un mismo subtítulo. | Guion corto (-) al inicio de cada línea. No usar la raya (—). |

Tabla 7. *Identificación de personajes en la subtitulación para personas sordas.*

Tras referirnos a la identificación de personajes, es necesario centrar nuestra atención en los efectos sonoros. ¿Qué se entiende por efecto sonoro? Según la norma UNE original (AENOR, 2003, p. 4), es un «sonido no vocal (exceptuando el habla y que no se pueda atribuir a un personaje concreto) que aporta información relevante para el seguimiento de la obra audiovisual». Es decir, si un sonido proviene de un personaje, dicha información se incluirá en la línea de subtítulo y no será considerado, por tanto, como un efecto sonoro.

Como comentábamos en los aspectos visuales (véase Tabla 6), la posición en pantalla de los efectos sonoros sería la esquina superior derecha —esto es, la posición {\an9}—. Se escribiría entre paréntesis, con mayúscula inicial y en color blanco (Tamayo Masero, 2015). Asimismo, siempre se sustantivan. Ejemplo: *(Aplausos)*.

| Incorrecto | Correcto |
|---|---|
| (Dispara) | (Disparo) |
| (Llora un bebé) | (Llanto) |

Figura 1. *Formato correcto e incorrecto de los efectos sonoros (AENOR, 2012, p. 14).*

Los efectos sonoros son relevantes para la trama porque contribuyen a la narrativa: captan la atención del espectador y estimulan sentimientos, como indican diversos autores (Remael, 2012; Tsaousi, 2015, 2018), crean imágenes mentales (Rodero, 2012) y aumentan la credibilidad (Balsebre, 1994; Gutiérrez García y Perona Páez, 2005, Tsaousi,

2018). No obstante, no deben ser redundantes con la imagen: tan solo deben incluirse cuando el sonido no es deducible, ya que, en caso contrario, distraería al público de otros elementos relevantes para la trama:

| Incorrecto | Correcto |
|---|---|
| (Explosiones) cuando hay un plano de explosiones en pantalla. | |
| (Aplausos) cuando hay un plano del público aplaudiendo. | (Aplausos) |

Figura 2. *Uso correcto e incorrecto de los efectos sonoros (AENOR, 2012, p. 13).*

Como en casos anteriores, exponemos en un cuadro resumen la información relacionada con los efectos sonoros.

| Efectos sonoros | | |
|---|---|---|
| **Definición** | Sonido no vocal relevante. | No incluir si es vocal y atribuible a un personaje. |
| **Posición en pantalla** | Lugar donde se colocan los efectos sonoros. | Esquina superior derecha ({\an9}). |
| **Formato** | Cómo deben escribirse los efectos sonoros. | Sustantivados, entre paréntesis, mayúscula inicial y en color blanco. Ejemplo: *(Aplausos)*. |

Tabla 8. *Efectos sonoros en la subtitulación para personas sordas.*

En este punto es conveniente presentar la información contextual y las voces en *off*, que ya hemos mencionado en párrafos anteriores. La información contextual hace referencia a la información suprasegmental o la prosodia, esto es, a los atributos que determinan el habla mediante el tono, la duración (cantidad) y la sonoridad (calidad) de segmentos individuales, así como la melodía, el ritmo y los patrones acentuales presentes en el habla (Evin, 2011, p. 96). Ejemplo: *(CON SORNA)*. Por su parte, la voz en *off* representa aquellas intervenciones que provienen de un personaje fuera de escena, es decir, que no es visible en la pantalla; esto incluye también los pensamientos, las voces provenientes de aparatos electrónicos, como un teléfono o la televisión. Por esta razón, requerirá el uso de la cursiva (AENOR, 2012). Esto no exime de la sincronización, como ocurre con los efectos sonoros y el resto de intervenciones de los interlocutores (BBC, 2019).

Dentro de la información contextual, debemos también considerar la información paralingüística. En otras palabras: las emociones, las intenciones comunicativas y los gestos sonoros presentes en las intervenciones de los interlocutores. El código paralingüístico incluye toda aquella información que puede deducirse de los diálogos y la narración. Esto incluye la prosodia, el tono de voz, las pausas en el discurso, el volumen o el ritmo (Chaume, 2004). Como bien explica Perego (2009), a veces aportan más información que las propias palabras. Por su parte, los gestos sonoros son aquellos sonidos que los personajes emiten y que no pertenecen al código lingüístico (Tamayo Masero, 2015): los balbuceos, las interjecciones, los titubeos, las risas, las onomatopeyas o los tarareos son ejemplos de información suprasegmental y no se consideran efectos sonoros. Por tanto, al no ser considerados efectos sonoros y al ser considerados intervenciones de los interlocutores, se conjugarán en tercera persona —singular o plural—, en mayúscula y entre paréntesis (AENOR, 2012). Ejemplos: *(RÍE), (LADRA), (SUSURRA)*.

El uso de emoticonos se ha considerado también para este tipo de información, si es que la tecnología lo permite (ISO/IEC, 2018). Asimismo, académicos como Neves (2005, 2009), Lorenzo (2010) y Civera y Orero (2010) avalan el uso de les interjecciones para explicitar las emociones del personaje o bien les intenciones comunicativas, siempre y cuando no sean deducibles o redundantes con la imagen. Adjuntamos a continuación una tabla que resume este parámetro de la subtitulación para personas sordas.

| Información suprasegmental | | |
|---|---|---|
| **Información contextual** | Aspectos prosódicos del habla: tono, duración, sonoridad, gestos, acentos y ritmo. | Incluye información paralingüística, como las emociones, intenciones y gestos sonoros. |
| **Voz en *off*** | Intervenciones de personajes que no están en pantalla; por tanto, en cursiva. | Como el resto de las intervenciones, requieren sincronización. |
| **Código paralingüístico** | Información deducida de los diálogos/narración: —son efectos sonoros ni pertenecen al código lingüístico—. | Se escribe en tercera persona, en mayúsculas y entre paréntesis. Incluye gestos sonoros como risas, balbuceos, interjecciones o tarareos. |

Tabla 9. *Información suprasegmental en la subtitulación para personas sordas.*

En este punto, es necesario hablar de la música. Como no es parte de una intervención de un interlocutor o personaje en el producto audiovisual, se consideraría un efecto sonoro y, por tanto, la posición en pantalla d sería la esquina superior derecha, es decir, la posición {\an9} y, además, se escribiría entre paréntesis, con mayúscula inicial y en color blanco. Ejemplo: *(Música rock)*. De acuerdo con la norma UNE 153010 (AENOR, 2012), la música solo se subtitula si es relevante para la trama ya que, como explica Tamayo Masero (2015), en la mayoría de los casos crea ambiente y no contribuye al argumento de la historia.

Asimismo, la norma UNE distingue entre música y canciones, pero podríamos distinguir también entre música argumental y la música ambiental. Cuando hablamos de la música argumental o diegética —como ya indica la palabra de origen griego *diégesis*—, se refiere a aquella música que pertenece a la narración, es decir, que los personajes de la trama o los interlocutores del producto audiovisual son capaces de oírla. Ejemplos de música argumental o diegética es la que proviene de una radio o la que se toca en directo.

Por otro lado, cuando hablamos de música ambiental o extradiegética, nos referimos a aquella que los personajes no oyen, ya que su función es crear un ambiente que acompañe a la trama y refuerza la emoción que pretende transmitir la escena en cuestión. En principio, la música se subtitulará crea un ambiente específico de acuerdo con los sentimientos o sensaciones que el director desea transmitir al público (Tamayo Masero, 2015). En otras palabras: la importancia de la música en la trama determinará si se subtitula o si no (AENOR, 2012; BBC, 2019). En caso de subtitularse, se puede llevar a cabo de tres maneras diferentes:

- El tipo de música: *(Música pop)*.
- La sensación que transmite: *(Música animada)*.
- La autoría y el título de la obra: (*Heroes*, de David Bowie).

Asimismo, el formato será idéntico al del efecto sonoro, como comentábamos. Por otro lado, si se trata de una canción que canta un personaje, por ejemplo, o cuya letra es relevante para la trama y se decide subtitularla, se escribiría en posición {\an2}, en la lengua vehicular de la canción y se debe escribir un símbolo de una nota musical () —si es técnicamente posible; si no, se utilizaría la almohadilla (#)— a principio de cada subtítulo de la canción y en el subtítulo final de cierre (AENOR, 2012). Ejemplo:

| | |
|---|---|
| **Subtítulo** 1 | # Cumpleaños feliz, <br> Cumpleaños feliz. |
| **Subtítulo** 2 | # ¡Te deseamos todos <br> cumpleaños feliz! # |

Por tanto, el cuadro resumen de la música en la subtitulación para personas sordas quedaría de la siguiente manera:

| La música y las canciones | | |
|---|---|---|
| **Música como efecto sonoro** | Se ubica en pantalla en la esquina superior derecha ({\an9}). | Se escribe entre paréntesis, con mayúscula inicial y en color blanco. |
| **Música argumental (diegética)** | Música que pertenece a la narración y que los personajes pueden oír. | En general, se subtitula porque se considera relevante para la trama. Puede subtitularse por tipo, sensación o autoría y título. |

| La música y las canciones | | |
|---|---|---|
| **Música ambiental (extradiegética)** | Música que los personajes no oyen, sirve para crear ambiente y reforzar emociones de la escena. | Su subtitulado depende de su importancia en la trama. |
| **Canciones** | Si se considera relevante para la trama o si canta un personaje, se considera intervención hablada (posición ({\an2}). | En la misma lengua y precedido por (♪) o (#). Se coloca el símbolo en el subtítulo de cierre de la canción. |

Tabla 10. *La música en la subtitulación para personas sordas.*

Para acabar este capítulo, quedan por analizar los criterios lingüísticos, entre los que distinguimos las convenciones ortotipográficas, el léxico y la sintaxis. En el primer caso, se hace alusión al texto, el uso de puntos suspensivos, la gramática, la ortotipografía, las abreviaturas y los símbolos. Como recomendación general, las palabras no pueden separarse entre dos líneas de subtítulo y, en general, debería evitarse la separación de oraciones entre subtítulos (AENOR, 2012). Asimismo, la RAE y sus normas rigen los criterios gramaticales y ortotipográficos.

El uso de la cursiva está extendido en la subtitulación convencional destinada a normoyentes (Tamayo Masero, 2015), pero no siempre está técnicamente disponible, al igual que ocurre con la corchea en las canciones. Sobre todo, si hacemos referencia al teletexto (Díaz Cintas y Remael, 2007). La cursiva también se emplea para marcar la voz en *off* —narradores omniscientes— o bien si la voz de un personaje proviene de algún aparato electrónico —televisión, teléfono, radio…—. Asimismo, como ocurre en la subtitulación convencional, la cursiva también se utiliza en ocasiones para las canciones y, como indica la RAE, para extranjerismos o usos metalingüísticos. En caso de no ser técnicamente posible, se recomienda marcarla cursiva mediante comillas simples ('').

En cuanto al léxico se refiere, se apuesta por simplificar el léxico de las variaciones lingüísticas (Lorenzo, 2010), evitar las frases metafóricas y utilizar vocabulario común (Lorenzo y Pereira-Rodríguez, 2011; Tamayo Masero, 2015). La relevancia del léxico en la comprensión de la trama y el impacto que tiene para conseguir un mayor efecto del espectador viene limitado por el género audiovisual, la cantidad de subtítulos y el dinamismo de la subtitulación para personas sordas (De Linde y Kay, 1999b), además de las dificultades de leer y procesar un texto audiovisual (Díaz Cintas y Remael, 2007).

Finalmente, respecto a la sintaxis, Karamitroglou (1998) recoge indicaciones en las que señala que no se deben utilizar más de dos frases en un mismo subtítulo, utilizar una sintaxis sencilla y el uso preferente de la voz activa especto a la voz pasiva. Es decir, se apuesta por el uso estandarizado de sujeto, verbo y objeto (S+V+O) y de la coordinación frente a la subordinación, respetando siempre la coherencia (BBC, 2019). La sintaxis puede convertirse en el mayor obstáculo en lo que respecta a la comprensión por parte del público sordo o con pérdida auditiva (Domínguez *et al.*, 2014); muchos estudios de lectura fácil lo demuestran (Molina y Vived, 2012, García Muñoz, 2014).

Por su parte, la norma UNE recomienda que los subtítulos sean literales y recurren a la reducción de oraciones subordinadas cuando la velocidad del habla del orador es alta (AENOR, 2012), ya que les frases más largas exigen más memoria por parte del público (Neves, 2009). Por esta razón, los receptores leerán con mayor facilidad los subtítulos con una estructuración semántica y sintáctica que facilite la lectura. Resumimos los criterios lingüísticos en la siguiente tabla:

| Criterios lingüísticos | | |
|---|---|---|
| Criterios generales | Seguirá las indicaciones de la RAE. | |
| Ortotipografía | Engloba el uso de los puntos suspensivos, las abreviaturas, los símbolos y la gramática. También indica el uso correcto de la cursiva. | No dividir palabras ni oraciones entre líneas; cursiva para voz en *off*, aparatos, canciones y extranjerismos —si no es técnicamente posible, usar comillas simples ('')—. |
| Léxico | Lenguaje sencillo que debe evitar el uso de metáforas y palabras difíciles. | Promueve el uso de palabras comunes; se debe adaptar al tipo de contenido y público. |
| Sintaxis | Oraciones cortas y claras, preferencia por la voz activa y la estructura S+V+O. | Máximo dos frases por subtítulo (aunque no es recomendable); evitar subordinadas si el habla es rápida y facilitar la lectura y comprensión. |

Tabla 11. *Criterios lingüísticos en la subtitulación para personas sordas.*

Tras estudiar en profundidad la accesibilidad, la evolución en la subtitulación analizar los parámetros de la subtitulación para personas sordas, es necesario estudiar más allá de las bases que sustentan esta modalidad de traducción audiovisual. Por este motivo, por este motivo, partiendo desde estos conocimientos previos, el siguiente capítulo pretende ilustrar, analizar y estudiar las dificultades y los desafíos que se presentan y que, en ocasiones, hacen tambalear las reglas de oro que parecen regir la subtitulación para personas sordas.

# 3
# Los desafíos y dificultades de la SPS en el mundo profesional

Tras conocer qué es la accesibilidad, su evolución y qué parámetros determinan la subtitulación para personas sordas, en el presente capítulo pretendemos ir más allá de la norma: si bien hemos establecido las bases que nos ayudarán a navegar esta modalidad de traducción audiovisual, en este momento es necesario conocer qué aspectos dificultan tanto a profesionales como a estudiantes la tarea de crear contenido accesible. Para ello, tomaremos dos vertientes: la primera, los desafíos y dificultades no contemplados en la norma UNE, ya que, de esta manera, nos aproximaremos a los desafíos de una manera descriptiva; la segunda, más empírica, se centrará en tomar consciencia de la perspectiva de los usuarios más inexpertos —esto es, estudiantes en formación— y los más experimentados —es decir, profesionales con gran experiencia en la modalidad—. De esta manera, conoceremos las diferencias y similitudes entre ambos perfiles y podremos desentrañar qué aspectos requieren una mayor atención a la hora de elaborar nuevas guías y preparar a los futuros y futuras profesionales de la accesibilidad.

## 3.1. Más allá de la norma: problemáticas propias de la modalidad

Para dar comienzo a esta sección, partiremos de la perspectiva profesional para conocer los desafíos presentes en el sector. Así, de este modo, veremos las limitaciones que sufren los profesionales que, en ocasiones, no están presentes en las guías de estilo y, por tanto, los estudiantes de los grados de Traducción e Interpretación y másteres en Traducción Audiovisual no pueden prepararse o conocer qué soluciones son las más idóneas o recomendables para cada casuística. Por tanto, pretendemos ir más allá de las aulas (Walker, 2022).

En este sentido, para ilustrar estas problemáticas, partiremos de la experiencia de la televisión autonómica valenciana À Punt (Belenguer Cortés, 2022), televisión que ofrece producción audiovisual principalmente en valenciano, ya que estudiaremos los aspectos profesionales de la subtitulación para personas sordas a partir de la experiencia del trabajo que se lleva a cabo en la cadena. El objetivo es determinar las dificultades y las problemáticas propias de la subtitulación para personas sordas, relacionadas con la modalidad —directo o diferido— y la situación de convivencia de lenguas —valenciano y castellano—.

En primer lugar, no hay que olvidar que, cuando hablamos de subtitulación para personas sordas, hacemos alusión a una traducción diamésica, intralingüística e intersemiótica (Eugeni y Gambier, 2023): se produce un cambio de lengua en el traspaso de texto oral a escrito —traducción diamésica— y, en general, implica una única lengua —traducción intralingüística— que se adapta a rasgos específicos (esto es, los parámetros) de la subtitulación para personas sordas —traducción intersemiótica— (Chuang, 2006). Por este motivo, la subtitulación para personas sordas puede generar una tensión entre el mensaje oral y escrito, ya que no siempre existe una correspondencia perfecta entre ambas: esto se debe a estrategias propias de subtitulación, los cambios de registro, errores de tecleo, falta de comprensión e incluso confusión en el tipo de variación (Garau Borràs, 2023).

Asimismo, como comentábamos con anterioridad, la subtitulación para personas sordas, si bien tiene un receptor principal —comunidad sorda o con algún tipo de pérdida auditiva—, es consumida por diferentes usuarios —como, por ejemplo, estudiantes de lenguas o personas sin acceso al sonido del producto audiovisual—. Asimismo, cuando nos referimos a la comunidad sorda, nos referimos a una comunidad plural, heterogénea; esto implica que presentan diferentes necesidades y diferentes perfiles y, por desgracia, no es posible producir diferentes versiones de una misma subtitulación para un mismo producto. Este hecho dificulta establecer normas que, en realidad, no pueden englobar todas las variantes de receptores que encontramos en el público. En esta línea, Neves (2008) argumenta que las normas deben basarse en una investigación empírica con la participación de proveedores, receptores y profesionales. Para ello, nos centramos en este último participante: aquellos que hacen posible la subtitulación para personas sordas.

En primer lugar, es necesario distinguir entre la subtitulación para personas sordas en diferido y en directo. ¿Por qué motivo? En las cadenas de televisión se trabajan ambos tipos de productos audiovisuales y, por tanto, los flujos de trabajo responden a la programación y necesidades propias del lugar de trabajo.

Un programa en diferido, es decir, un producto audiovisual pregrabado, se emite por la televisión y, por ende, no es en directo y puede ser bajo demanda (López Yepes y Cámara Bados, 2008, p. 4). Es la más extendida y la que se contempla principalmente en libros de estilo. En una cadena de televisión como À Punt, los subituladores profesionales tienen asignado un producto audiovisual que, según sus características, puede exigir más o menos tiempo para llevar a cabo la subtitulación para personas sordas. Por otro lado, es posible que la producción esté externalizada, como ocurre en algunas ocasiones, y que cada estudio de subtitulación siga su propia guía de estilo (Corporació Valenciana de Mitjans de Comunicació, CVMC, 2021, p. 284; Corporació Audiovisual de la Comunitat Valenciana S.A., CACVSA, 2025, p. 99).

Cuando hablamos de la subtitulación en diferido, hacemos referencia a un producto audiovisual que puede ser de ficción —como podría ser una película o una serie— o de no-ficción —como, por ejemplo, un documental—. Los productos de ficción suelen contar con guion con los diálogos transcritos, hecho que, naturalmente, facilita la labor de la subtitulación con respecto a los productos de no-ficción, ya que no contar con los diálogos o las intervenciones de los oradores implica que el o la profesional debe transcribir manualmente el mensaje original y adecuarlo según las convenciones de la modalidad.

Lo mismo ocurre con materiales de producción aliena y producción propia: cuando los productos audiovisuales no son propios del canal de televisión —producción propia— y se han producido en otras entidades o, incluso, en otros países —producción externalizada—, la traducción del producto audiovisual implica que existe un guion de doblaje que facilita la tarea de los subtituladores y subtituladoras. En cambio, si los materiales son de producción propia, pueden tratarse de productos sin guion si se trata de productos audiovisuales de no-ficción y, además, en el caso de la televisión valenciana, pueden comportar la presencia de más de una lengua si hay lugar para conversaciones espontáneas o no guionizadas.

Por tanto, teniendo en cuenta las características anteriormente mencionadas, podemos clasificar los productos audiovisuales que requieren subtitulación de la siguiente manera:

| Tipos de materiales audiovisuales en la subtitulación para personas sordas | |
|---|---|
| Productos audiovisuales de ficción | Productos audiovisuales de no-ficción |
| Materiales de producción externalizada | Materiales de producción propia |
| Con guion | Sin guion |
| Materiales en una única lengua | Materiales con más de una lengua |

Tabla 12. *Tipos de materiales audiovisuales en la subtitulación para personas sordas en diferido.*

Teniendo esto en cuenta, podemos pasar a repasar la normativa con respecto a la subtitulación para personas sordas: Cuéllar (2018) llevó a cabo un estudio de la norma UNE en el que destaca la importancia de aspectos como la extensión, el tamaño y la ubicación adecuada de los subtítulos, el uso consistente del etiquetado y de colores —es decir, sin asignar el mismo color o la misma etiqueta a más de un personaje—, los efectos sonoros, la música y las canciones. Sin embargo, muchas de estas decisiones no están limitadas por la normativa o la modalidad únicamente, sino que también se ven afectadas por el contenido y el público: no actuaremos igual si se trata de productos para el público general o para un público infantil, si el producto es de ficción —con un contenido guionizado, lenguaje no espontáneo y más normativo— y no ficción —con un contenido no guionizado, a excepción de las voces en *off*, productos que se redactan y se locutan previamente o entrevistas que cuentan con preguntas previas—.

En los productos para el público infantil, se tiende a la simplificación del lenguaje (García de Toro, 2014) y se limita la velocidad de lectura: se reducen los caracteres por segundo y los caracteres por línea (Koolstra *et al.*, 1999; Arnáiz-Uzquiza, 2012b; Tamayo Masero, 2015; De Higes Andino y Cerezo Merchán, 2018; Martínez-Lorenzo, 2021a; Zárate, 2021). No obstante, como explicábamos, además de las limitaciones propias de la modalidad, las características del producto y del receptor, existen todavía otros elementos no contemplados en las normativas. Para entender los elementos no contemplados en dichas normativas, es necesario saber qué incluye la norma UNE 153010:2012 exactamente, qué aspectos de cada parámetro estudia Cuéllar (2018) con respecto a la norma UNE (AENOR, 2012).

Respecto al tamaño, la extensión y la ubicación de los subtítulos, se apuesta por que los subtítulos —a excepción de los efectos sonoros— aparezcan centrados en la parte inferior de la pantalla, es decir, la posición {\an2}, excepto cuando puedan tapar información relevante. La norma (AENOR, 2012) menciona la posición {\an8} (es decir, la posición centrada en la parte superior), pero también existen casos en los que puede aparecer información relevante en dicha posición o que pueda tapar las caras de los oradores, como hemos visto. Por esa parte, la BBC (2019) recomienda la posición horizontal. Pero, si la posición cubre información relevante, ¿dónde sería más adecuado posicionar los subtítulos? Veamos tres ejemplos de esta problemática:

Figura 3. *Ejemplo de 'TàP Zàping' con texto en posición {an/8} (capítulo 89).*

Figura 4. *Ejemplo de* 'L'Alqueria Blanca' *con texto en posición {an/2} (T14, capítulo 334).*

Figura 5. *Ejemplo de* 'La colla' *con texto en posición {an/5} (T1, capítulo 28).*

Como se observan en la Figura 3, 4 y 5, las tres imágenes muestran casos en los que hay texto en pantalla —un rótulo, insertos y créditos—: un programa de no-ficción, una serie —ficción— y un programa destinado al público infantil y juvenil. En el primer caso, *Tàp Zàping,* y en el segundo caso, *L'Alqueria Blanca,* el subtítulo se ha colocado donde indica la norma UNE, es decir, en la parte superior central (posición {\an8}); sin embargo, como puede observarse, dicha solución cubre otra información relevante en la pantalla: en el primer caso, cubre el rostro de un interlocutor, que en el fotograma escucha lo que se le dice por teléfono —de ahí la etiqueta *(TEL.)*—, mientras que en el segundo caso el subtítulo pueden cubrir otro inserto de la pantalla. En ambos casos esta solución puede ser problemática, ya que o bien cubre información relevante para la trama (Figura 3) o los subtítulos pueden no ser legibles para el espectador (Figura 4). En el caso de la figura 5 observamos otra solución distinta: la posición central en el centro de la pantalla (posición {\an5}). Aunque esta posición cubre los rostros de los interlocutores, no cubre en ningún caso los insertos que encontramos tanto en la parte superior como inferior de la pantalla, lo cual facilita la lectura si se trata de un cambio de posición momentáneo. No obstante, de nuevo, no encontramos indicaciones con respecto a qué posición sería la más recomendable en caso de encontrar información relevante en pantalla no solamente en la posición {\an2}, sino también en la posición {\an8}.

Este fenómeno también se da en productos con doblaje, ya que, en ocasiones, hay subtítulos incrustados en el producto audiovisual cuando hay una segunda lengua presente en las intervenciones de personajes. Dicho cambio de lengua debe marcarse para el público sordo o con pérdida auditiva (BBC, 2019).

Figura 6. *Ejemplo de 'Crims perfectes' (T1, capítulo 5) con texto en posición {an/1}.*

En el caso de la Figura 6, se observa cómo la posición en la esquina inferior izquierda —es decir, la posición {an/1}— se añade la información contextual para que el receptor comprenda que el inserto en pantalla es un personaje hablando en otra lengua —en este caso, el inglés—.

Si volvemos al estudio de Cuéllar (2018), encontramos que destaca que, con respecto al etiquetado y el uso de colores, aboga por la consistencia para facilitar el seguimiento de la trama argumental mediante una adecuada identificación de personajes, con el uso de colores como opción preferente, y mediante etiquetas en caso de limitaciones técnicas. Asimismo, plantea el uso de guiones si estas dos primeras opciones no son posibles. No obstante, ¿cómo se determina el peso de cada personaje en una obra audiovisual? En el caso del protagonista, es sencillo determinar quién ostentará el color amarillo, pero en otros casos, ¿existe un criterio objetivo que determine en una serie con múltiples personajes, por ejemplo, quién tiene la voz cantante —como podría ser, por ejemplo, el caso de *Friends*, en el que no hay un claro protagonista—? ¿Qué ocurre si un personaje con un color asignado fallece? En caso de un largometraje, el color no se reasignaría, pero ¿y en el caso de una serie con más temporadas? ¿Y si un personaje con un color asignado cuenta con un inserto en pantalla en color blanco? Este fenómeno ocurre con situaciones con convivencia de lenguas o multilingüismo: para darle una mayor veracidad o para sumergir al público en la historia que se presenta, a menudo coexisten diferentes lenguas más allá de la vehicular del producto audiovisual, como presentamos a continuación:

Figura 7. *Uso de etiqueta en un personaje con color en* 'Hotel Voramar' *(T7, capítulo 1).*

En la serie *Hotel Voramar*, el multilingüismo implica que haya insertos para mostrar la traducción de las intervenciones de los personajes que, en algunos momentos, hablan alemán. Como vemos en la Figura 7, un personaje —Amanda— habla en alemán momentáneamente y fuera de plano. Por tanto, es necesario identificarla. En este caso, se recurrió al color y a la etiqueta; una solución poco idónea, ya que, por lo general, o bien se recurre a una solución o a otra, no a ambas. Sin embargo, en este contexto, dado que no se podía añadir el color al inserto, se recurrió a esta solución.

Con respecto al parámetro que limita el tiempo de exposición, la norma UNE (AENOR, 2012) propone 15 caracteres por segundo como máximo, lo cual supone 4,66 segundos para la lectura de los 70 caracteres en dos líneas. No obstante, ¿cuál sería el protocolo a seguir si coinciden en el mismo código de tiempo un subtítulo con función de efecto sonoro o música —por tanto, en posición {an/9}— y una intervención de un personaje? ¿Cómo afectaría esto a la velocidad de lectura?

La norma no habla de superposición de subtítulos, pero en el caso de escenas con muchas intervenciones de diálogo en los que no sea posible adelantar o posponer el efecto sonoro —aun comprometiendo la sincronía con la pista sonora—, puede ser una opción adecuada, como se observa en la siguiente figura:

Figura 8. *Fotograma de la serie* 'Velvet' *(T1, capítulo 6)*.

Si bien convergen ambos subtítulos al mismo tiempo, el hecho de que estén en posiciones distintas hacen posible que el efecto sonoro —en este caso, por motivos desconocidos, en posición {an/8} y no en posición {an/9}, como indica la norma UNE— y la intervención del personaje sea legible. Por tanto, es posible que converjan ambos subtítulos. Sin embargo, el hecho de tener más texto en pantalla implica que es necesario recalcular la velocidad de lectura, ya que, en caso contrario, el receptor no tendrá tiempo suficiente para leer ni un subtítulo ni el otro. De Higes Andino (2016) propone una manera en la que se puede llevar a cabo el recálculo de la velocidad de lectura cuando convergen dos subtítulos en pantalla para garantizar su legibilidad. No obstante, en caso de no contar con los medios técnicos disponibles para superponer subtítulos, se puede omitir el efecto sonoro o la música si no es relevante (BBC, 2019). Si es técnicamente posible, la autora (2016, p. 2) recomienda calcular la duración de los subtítulos que se superponen: el tiempo de entrada del primer subtítulo y el tiempo de salida del segundo subtítulo. Seguidamente, recomienda contar el número total de caracteres en ambos subtítulos y dividir el resultado entre los segundos en pantalla para poder obtener la velocidad de lectura de los subtítulos en conjunto. Si la cifra obtenida es superior a 15 caracteres por segundo, se recomienda sintetizar la información.

En la línea de los efectos sonoros, según el detallado estudio de Cuéllar (2018), la norma UNE (AENOR, 2012, p. 5) brinda una definición y, como hemos expuesto anteriormente, indica la adecuación (o no) de la subtitulación del efecto sonoro (figuras 1 y 2). No obstante, ¿hasta qué punto es necesario marcar el fin de un efecto sonoro como, por ejemplo, un teléfono que no deja de sonar? Asimismo, a excepción de la norma UNE 153010:2012, el resto de guías recomienda posicionar los efectos sonoros y la música en la misma posición que las intervenciones de los personajes, es decir, en la posición {an/2}. ¿Es adecuado plantearse un cambio de posición de los efectos sonoros, como ya proponía en la guía de estilo de subtitulación en gallego la autora Martínez-Lorenzo (2021b)?

Figura 9. *Ejemplo de efecto sonoro continuado en la serie* 'El restaurant' *(T1, capítulo 2).*

En esta secuencia de la serie *El restaurant*, se escuchan los pasos de un personaje que se aproxima a la protagonista; se trata de un efecto sonoro que no cesa, que continua durante toda la secuencia y que el subtítulo refleja en la pantalla durante un máximo de seis segundos. Sin embargo, la escena continua y el efecto sonoro se alarga mucho más tiempo del que el subtítulo está en pantalla. Dicho ejemplo muestra el mismo caso de un teléfono que no deja de sonar durante minutos a lo largo de una escena; una casuística que sí que contempla la BBC (2019): *(Barking continues)* [El ladrido continua]. Esto sugiere otra pregunta: en el caso contrario, es decir, en escenas que presentan silencios continuos o abruptos con fines dramáticos, ¿se deben subtitular de algún modo?

Respecto a la música, la norma UNE 153010:2012 determina que se debería subtitular la letra de las canciones si facilita la comprensión de la trama (Cuéllar, 2018, p. 59) e indica que debe marcarse con el símbolo de una corchea (♪) o la almohadilla (#), como explicábamos con anterioridad al principio de cada subtítulo de la canción y, en el subtítulo final, se añadiría también en el cierre (véase el ejemplo de la sección 2.3.). No obstante, cuando no se subtitula la canción y se marca como un efecto sonoro, la norma no indica si los títulos de las canciones deberían llevar algún tipo de marca tipográfica (cursiva o comilla simple), si las canciones requieren signos de puntuación entre verso y verso o cuál sería el criterio más adecuado para subtitular canciones cuya letra contiene onomatopeyas, sonidos cacofónicos, léxico o aspectos gramaticales no incluidos en los diccionarios normativos (como, en nuestro caso, el diccionario de la RAE).

Por otra parte, la norma UNE propone diferentes técnicas para poder economizar el vocabulario de la mejor manera posible y ofrece indicaciones específicas en lo que respecta a los criterios editoriales, además de dar indicaciones con respecto al a subtitulación en directo en cuanto al cálculo de la precisión y el retardo de los subtítulos en directo.

Sin embargo, aunque la norma UNE 153010:2012 sí que incluye la casuística de que se respeten los fallos siempre y cuando tengan una intención comunicativa. Si bien el subtitulado en lengua española por la Real Academia Española respetando la gramática y la ortografía —a excepción de los personajes con lengua específica—, no se contemplan casos en los que se dan situaciones de convivencias de lenguas. Asimismo, la oralidad tiene un gran impacto en la accesibilidad, ya que puede influir en los subtítulos y el mensaje escrito. En otras publicaciones se han llevado a cabo revisiones sobre la oralidad en otros trabajos (Belenguer Cortés, 2024, 2025b) y cómo se ha recurrido a estrategias como la literalidad, la marca tipográfica o la corrección (Belenguer Cortés, 2025a, p. 90).

En la norma no se ha ahondado en situaciones en las que los diálogos no cumplen una función lingüística, sino que pretenden dar autenticidad en una ambientación. En estos casos, dado que son poco audibles y suelen mezclarse con la música o bien el volumen suele ser bajo, en caso de no contar con ellos en el guion de doblaje, se tiende a omitir las conversaciones y, en algunos casos, a considerarlas y tratarlas como efectos sonoros. Como se observa en la Figura 10, en la serie valenciana *L'Alqueria blanca* se ha recurrido a utilizar esta estrategia para reflejar las conversaciones sin ocultar información al receptor. En este caso, los diálogos no se subtitulan porque no son relevantes para la trama: se escuchan de fondo y tampoco es posible identificar los interlocutores.

Figura 10. *Ejemplo de conversaciones de fondo en 'L'Alqueria blanca'.*

Si fijamos la vista en la convivencia de lenguas, si este fenómeno se da en un mismo estado, puede llegar a ser conflictiva, ya que una de ellas se convierte en dominante y, en consecuencia, hace peligrar la existencia de las otras (García de Toro, 2009; Belenguer Cortés, 2022); en el caso de la Comunidad Valenciana en España, el valenciano es lengua cooficial, ha sido una lengua usual a lo largo de la historia, pero su uso ha perdido peso relativo en favor del castellano (Fuster, 1962; Cucó, 1977; Blas Arroyo, 1993), como se observa en el estudio de Membrado (2015). El valenciano se considera una lengua minorizada y minoritaria: una lengua minoritaria es aquella lengua que se habla históricamente dentro de una región por una población numéricamente menor al resto del territorio y que, al mismo tiempo, puede ser una lengua oficial de Estado en cuestión (Sánchez Avendaño, 2009); no obstante, hay más hablantes de lengua catalana que de portugués, griego o checo (Fundación Ramon Llull, 2017). Dicha lengua cuenta con varios dialectos según el área geográfica a la que se hace referencia, lo cual conlleva una variedad dialectal amplia y variaciones lingüísticas a lo largo del territorio. Observamos a continuación el caso del valenciano en la siguiente imagen:

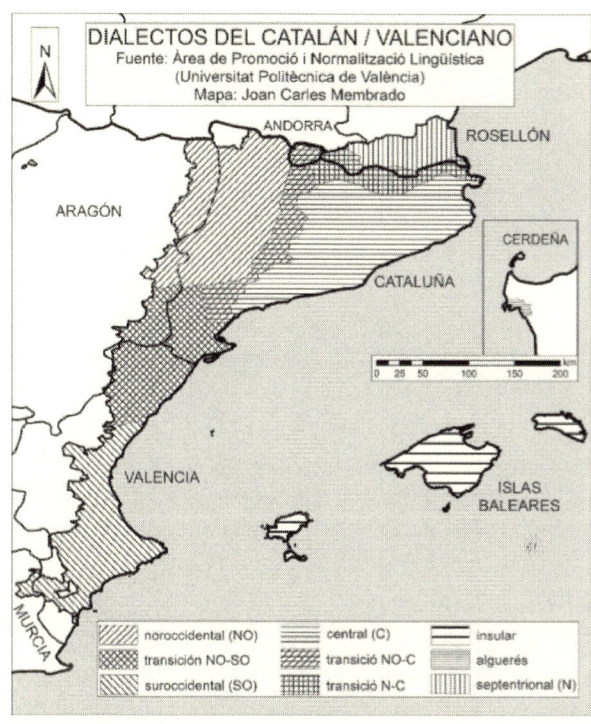

Figura 11. *Dialectos del catalán/valenciano (Membrado, 2015, p. 188)*.

La creación de televisiones públicas en catalán, como la Televisió de Catalunya (TVC, 1983), la Radiotelevisió Valenciana (RTVV, 1989, cerrada en 2013 y reabierta en 2018 con el nombre de À Punt) y el Ens Públic de Radiotelevisió Balear (EPRTVIB, 2004) impulsa la producción cultural en esta lengua, independientemente de la variedad dialectal. Esto fomenta la creación de diversas leyes de normalización lingüísticas (Rovira-Esteva y Tor-Carroggio, 2018).

En cualquier comunidad hay variantes y variedades consideradas cultas, rurales, urbanas, antiguas, modernas, infantiles, genuinas o transgresoras (Vila i Moreno *et al.*, 2007, p. 387). La variedad lingüística presente en cualquier tipo de texto se ha estudiado desde el punto de vista de la sociolingüística y de la traducción, ya que es un elemento marcado sociolingüísticamente y culturalmente. Jiménez Carra (2016) lo explica de la siguiente manera:

«El subtitulado intralingüístico coincide con el interlingüístico en tanto que tampoco suele mostrar ciertos elementos de la variedad del original (como, por ejemplo, el acento) y en él, por lo general, se emplea una lengua más estandarizada que la del discurso oral. Un ejemplo común es, por ejemplo, la pérdida del acento andaluz en el subtitulado intralingüístico español. Esto puede resultar hasta cierto punto entendible si tenemos en cuenta que muchas de las diferencias de esta variedad estriban en la pronunciación de la lengua (la pérdida o aspiración de la 's' entre consonantes o al final de una palabra, por ejemplo), algo difícil de plasmar por escrito siguiendo las normas clásicas del subtitulado. Sin embargo, cabe preguntarse qué ocurre con las variedades diatópicas que incluyen características específicas gramaticales, sintácticas o léxicas que sí difieren sustancialmente de la denominada variedad estándar». (p. 213)

Teniendo en cuenta esta reflexión, el hecho de considerar la modalidad (subtitulación para personas sordas) y la audiencia (Bell, 1984, 2001) nos hace pensar sobre cómo nos expresamos y cabe preguntarse si en la subtitulación se debería apostar por la prescripción —es decir, cuál es la forma correcta de expresión— o la descripción —en otras palabras, la literalidad— (Beltran Calvo y Segura-Llopes, 2019). Los cambios de registro en la lengua catalana han sido estudiados por autores como Payrató, (1988), Bibiloni (2007), Mollà (2007), Casanova (2009), Costa-Carreras (2020), Dols Salas (2020, 2021) o Calafat Vila (2020), entre otros. Si, junto con esta convivencia, añadimos la presencia de intromisiones lingüísticas propias de una lengua o variaciones lingüísticas (Ramos Pinto, 2017), dicha convivencia puede verse afectada, ya que una lengua puede imponerse a otra cuando se debe llevar a cabo una elección lingüística (Belenguer Cortés, 2023).

Mollà (2015, p. 177) explicaba que la cohesión social que representa el proceso de normalización lingüística —en este caso, la del valenciano— no depende solo de símbolos de identidad, sino de la existencia de factores y actores que la posibilitan. En otras palabras: los medios de comunicación deben ser un espejo de la normalización en el cual, al mismo tiempo, los usuarios puedan identificarse, ya que las lenguas no son bloques monolíticos (Fernández Planas et al., 2015), sino que presentan variaciones diastráticas —desde el punto de vista sociocultural—, diafásicas —desde el punto de vista del registro— y diatópicas —desde el punto de vista geográfico—.

Para hablar de À Punt, hay que hacer referencia a la televisión valenciana, la RTVV, creada en 1984 gracias a la aprobación en las Cortes Valencianas de la Ley de la Generalitat Valenciana 7/1984 el 4 de julio de 1984. Comenzó sus emisiones en septiembre de 1989 y fueron regulares el 9 de octubre de 1989. Poco a poco se crearon canales como Notícies 9 (1997) y 24/9 (2009), un canal que ofrecía noticias les veinticuatro horas del día. Sin un medio de comunicación, una lengua no puede sobrevivir (Baget Herms, 1994), sobre todo teniendo en cuenta que durante los años de la dictadura franquista los valencianos no podían estudiar en su lengua materna.

Cabe recordar que las lenguas se traducen en identidades y culturas por la conexión que existe entre la lengua y la identidad cultural (Taylor, 2022). Por este motivo, años más tarde, el cierre de la RTVV en 2013 supuso un hecho insólito en el panorama audiovisual español y europeo. La aprobación de la Ley 12/2015, de 29 de diciembre, fue un paso previo de la creación de la Corporació Valenciana de Mitjans de Comunicació (CVMC) mediante la Ley 6/2016 de la Generalitat como organismo de función pública y daba paso, así, a la aprobación de un nuevo proyecto el 15 de julio de 2016. De hecho, el 7 de abril de 2017 se creó la la Societat Anònima de Mitjans de Comunicació (SAMC) de la Comunidad Valenciana, recibió el nombre de À Punt y dio vida al canal de televisión el 10 de junio de 2018.

En 2024, quedó aprobada la proposición de ley de la Corporació Audiovisual de la Comunitat Valenciana (Ley 2/2024), que deroga la ley de 2016, que expresa que tanto el castellano como el valenciano son lenguas oficiales de la Comunidad Valenciana y que la Generalitat debe garantizar el uso normal y oficial de ambas lenguas (2024, p. 32.719). Por tanto, la Generalitat Valenciana tiene la responsabilidad de garantizar el uso normal y oficial del castellano y valenciano y promover su convivencia y su uso.

En los medios de comunicación, À Punt se ha regido por sus diferentes libros de estilo de la CVMC (2019, 2021) y la CACVSA (2025), pero en la norma UNE o en la sección audiovisual de dichos libros de estilo no incide en cómo hacer frente a las variaciones lingüísticas. Para ilustrar el caso de la convivencia de lenguas tanto en la subtitulación en diferido y la subtitulación en directo, partiremos de prisma de la televisión À Punt, como mencionábamos anteriormente. En la televisión autonómica valenciana À Punt se lleva a cabo subtitulación en diferido, subtitulación en directo y audiodescripciones (Belenguer Cortés, 2022, pp. 95–97).

Los profesionales del departamento de Accesibilidad del medio de comunicación À Punt se centran en tareas de subtitulación en directo y en diferido de diferentes contenidos audiovisuales producidos en la televisión valenciana. Los flujos de trabajo responden a la programación y a las necesidades propias del puesto de trabajo, y, además, se hace distinción entre la programación en diferido y la programación en directo.

En el caso de la subtitulación en diferido, encontramos diversas publicaciones que versan sobre el tema (López Rubio y Martí Sansaloni, 2021; Belenguer Cortés, 2022, 2025a). Los subtituladores profesionales tienen asignado un producto audiovisual que, según las características, puede exigir más o menos tiempo al profesional para llevar a cabo la subtitulación para personas sordas (véase Tabla 12). Como mencionábamos anteriormente, en el caso de los productos audiovisuales de ficción, los guiones facilitan más el trabajo que los productos de no-ficción, ya que implica la transcripción manual de las intervenciones de los oradores. Lo mismo ocurre con los materiales de producción externalizada o propia: cuando los materiales se producen en otros países, la traducción del producto audiovisual implica que existe un guion de doblaje que facilita la tarea de los y las profesionales. En cambio, los materiales de producción propia pueden ser materiales sin guion si son de no-ficción y, asimismo, implican variedad lingüística y convivencia de lenguas si hay lugar para conversaciones espontáneas y no guionizadas.

A diferencia de la subtitulación en diferido, la subtitulación en directo entraña complejidades que múltiples académicos han estudiado en profundidad (Eugeni, 2008; Romero-Fresco, 2011, 2015; Fresno y Sepielak, 2020; Eugeni y Gambier (2023),

Szarkowska y Jankowska, 2024). En À Punt, la subtitulación para personas sordas en directo se lleva a cabo en diferentes programas informativos —noticias, comparecencias de prensa, el tiempo— o entretenimiento —magacines o programas de tertulia—. Esto obliga a los profesionales encargados de la subtitulación para personas sordas a conocer la programación antes de la emisión o a tener un gran bagaje de cultura general para poder entender los contenidos y la terminología concreta, que en ocasiones es de carácter especializado (Belenguer Cortés, 2022, 2025a). En el caso de la televisión valenciana, tanto en el rehablado (véase sección 2.1.) como en la transcripción manual se utiliza el programa Fingertext, un programa creado por Anglatècnic (2017), aunque el programa Fingertext se puede utilizar también para programas en diferido, como observamos en la siguiente figura:

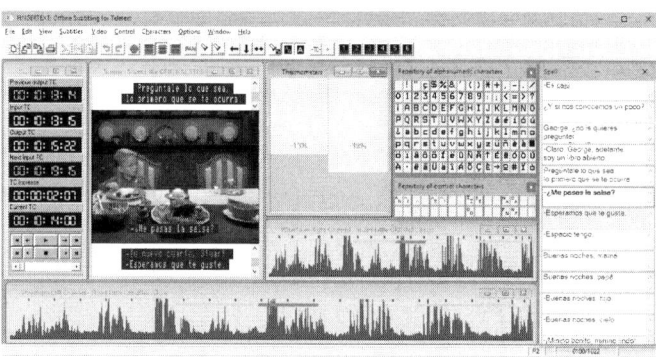

Figura 12. *El programa Fingertext utilizado para subtitular la película infantil* 'Stuart Little' *(1999)*.

No obstante, en À Punt se utiliza este programa para la subtitulación en directo ya sea en parejas durante el rehablado como de manera individual en la transcripción manual —técnica que denominaremos *superdirecto* y en la que ahondaremos más adelante— (Belenguer Cortés, 2022, 2024). La modalidad requiere una gran coordinación para llevar a cabo esta labor profesional. En este sentido, se puede afirmar que esta especialidad funciona de mismo modo que una cabina de interpretación: los subtituladores y subtituladoras acuerdan el tiempo que estarán en directo para saber cuándo llevan a cabo el relevo. En el rehablado de À Punt, los dos trabajadores lo hacen al mismo tiempo: uno de ellos rehabla y el otro edita los subtítulos generados y los emite en pantalla. La razón radica en que el *software* de reconocimiento de voz no siempre reconoce todos los términos que el rehablador dicta, por lo que es necesario que el editor modifique errores o añada ediciones por cuestiones ortotipográficas. Aunque cambian de función cada cierto tiempo, ambos profesionales trabajan al mismo tiempo.

Figura 13. *La autora ejerciendo de rehabladora mediante el programa Fingertext* *('Zoom', temporada 7, capítulo 9).*

El tipo de programación puede condicionar la técnica de subtitulación: si se trata de un programa en directo, por ejemplo, se dispondrá de una escaleta, es decir, un documento que muestra la estructura del programa en cuestión de principio a fin (Caldera Serrano, 2017). En este documento figura el orden cronológico de la aparición de cada una de las noticias que conforman un programa o un informativo. Se indica la hora, el minuto y el segundo en los que se emitirá y, asimismo, se detalla el contenido de la información y los temas dentro de la información.

| MODELO DE ESCALETA DEL PROGRAMA | | | | | | | | | |
|---|---|---|---|---|---|---|---|---|---|
| DUR | ACU | TÍTULO | FORMATO | PRESENT | CÁMARA | EFECTOS IMAGEN | EFECTOS AUDIO | PIES | OBSERVACIONES |
| 0:20 | 0:20 | Cabecera | | | | Cabecera | | | |
| 0:15 | 0:35 | Presentación 1 | Intro | Plató | 3 | | | | |
| 0:15 | 0:50 | Sumario | off Sobre Colas | Off | | Cortinillas | Ráfaga CORTE 2 | "…de esta mañana" | |
| 0:05 | 0:55 | Breve 1 | | | | | | | |
| 0:05 | 1:00 | Breve 2 | | | | | | | |
| 0:05 | 1:05 | Breve 3 | VTR | Estudio | | Grafismo | | | |
| 0:05 | 1:10 | Breve 4 | | | | | | | |
| 0:10 | 1:20 | Presentación 1 | Intro | Plató | 3 | | | | Con VTR |
| 2:00 | 3:20 | Desde la Glorieta | Directo | Ext | | Doble ventana | | | |
| 1:30 | 4:50 | | VTR | Estudio | | | | "…en el Congreso" | |
| 0:30 | 5:20 | Despide | Directo | Ext | | | | | |
| 0:30 | 5:50 | Presentación | Intro | Plató | 1 | | | | |
| 1:15 | 7:05 | Dimisión Concejal | VTR | Estudio | | | | | |
| 0:15 | 7:20 | Presentación | Intro | Plató | 3 | | | | |
| 1:00 | 8:20 | Rector | VTR | Estudio | | | | | Bloque encadenado |
| 0:30 | 8:50 | Presentación 1 | Intro | Plató | 3 | | | | |
| 0:30 | 9:20 | Presentación 2 | Colas | Plató | 1 | | | | Entrevista/coloquio |
| 0:30 | 9:50 | Despedida | | Plató | 2 | | Ráfaga CORTE 3 | | |
| 0:10 | 10:00 | copy | VTR | Plató | 3 | | | | |

Tabla 13. *Ejemplo de escaleta de un programa de televisión (Obach, 2008, p. 5).*

Como se observa en la Tabla 13, la escaleta presenta información relacionada con el título de la noticia o el tema que se presentará, los efectos de imagen y de sonido, los nombres de los presentadores y de los periodistas, así como la duración de cada tema o noticia. Disponer de la escaleta puede suponer una ventaja para tener una idea general del os contenidos que se tratarán en el programa en cuestión y, así, anticipar posible vocabulario que pueda surgir (Belenguer Cortés, 2022, 2025a). Asimismo, facilita el nombre de las personas invitadas, los temas centrales del programa e incluso las pausas publicitarias. Idealmente, una documentación previa de las temáticas que se abordarán sería idónea, sobre todo en casos de temas especializados, pero también es necesario contar con estrategias y recursos que sean útiles para garantizar la comprensión, la ortotipografía y que no sean redundantes con la pantalla.

Un ejemplo de ello pueden ser recursos visuales presentes en pantalla, como podría ser un mapa de predicción de la sección del tiempo con temperaturas o una tabla con la subida del precio de la luz; otra herramienta es el *software* de reconocimiento de voz que se utiliza en el rehablado, ya que en ocasiones cuenta con macros o con conceptos registrados en el programa que reconoce al dictarlos el profesional. No obstante, en ocasiones se deberá corregir la palabra si el *software* no es capaz de reconocerla.

Por tanto, evitar redundancias con lo que se observa en pantalla podría ser un criterio a tener en cuenta en la subtitulación para personas sordas en directo y en diferido, ya que la imagen puede aprovecharse para evitar redundancias con el texto: el receptor puede distraerse con el subtítulo y no mirar la pantalla y puede convertirse más en *ruido visual* que en información relevante para el receptor (Belenguer Cortés, 2025a, p. 94). El objetivo consistirá en seguir el discurso del orador sin caer en repeticiones y sin omitir información relevante. Como se mencionaba, uno de estos casos se da en el tiempo, cuando el meteorólogo repasa las temperaturas que se muestran en un mapa, o en concursos, en los que el presentador o presentadora hace preguntas a los espectadores y muestra las posibles respuestas en pantalla. Si se trata de un panel con información que el interlocutor está leyendo —es decir, lo que dice el orador es texto o iconografía presente en la pantalla—, en À Punt existe la tendencia de escribir *(LLIG)* —en español, *(LEE)*— para evitar la repetición de información redundante con la imagen y, por tanto, el ruido visual. Vemos a continuación un ejemplo de ambos casos:

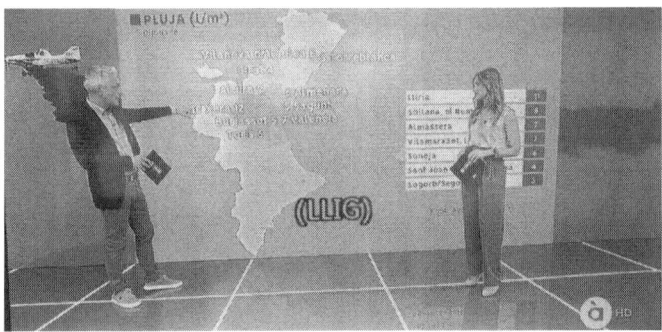

Figura 14. *Ejemplo 2 de subtítulo '(LLIG)' en subtitulación para personas sordas en directo ('Terra viva', 23 de noviembre de 2022).*

En estos casos, la opción *(LLIG)* se utiliza para hacer referencia a insertos en pantalla y es habitual en la programación en directo: en À Punt, este recurso es frecuente en el superdirecto, es decir, cuando no se cuenta con ningún texto escrito —como una escaleta— y los subtítulos se transcriben de manera manual.

Figura 15. *Ejemplo 2 de subtítulo '(LLIG)' en subtitulación para personas sordas en directo ('Terra viva', 23 de noviembre de 2022).*

Por tanto, el profesional rehabla o transcribe todos los contenidos presentes en las intervenciones y, al mismo tiempo, aprovecha los recursos visuales que están presentes en la pantalla, como son los rótulos o los insertos. Evidentemente, en productos audiovisuales que se graban en directo, lo más habitual es contar con una escaleta o con un guion de doblaje que puede aprovecharse a la hora de hacer el contenido accesible. Si se trata del noticiario, a pesar de que sea en directo, los y las profesionales disponen de un texto redactado previamente por los periodistas, ya que, por lo general, se escribe la noticia para ser locutada o leída en directo: ya sea por el presentador mediante un teleprónter o bien los periodistas en voz en *off*.

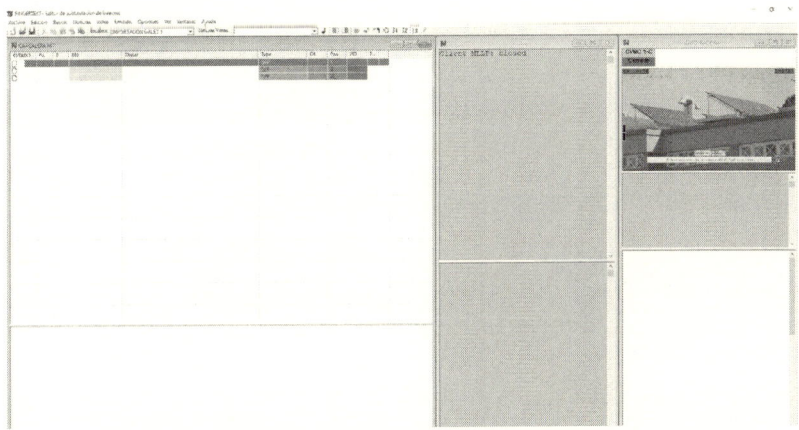

Figura 16. *Ejemplo de escaleta de un noticiario en Fingertext.*

Como se observa en la Figura 16, el subtitulador o subtituladora profesional puede acceder a través de Fingertext a cualquier noticia redactada para lanzarla de manera síncrona cuando empieza el informativo. En la parte izquierda, se observan las noticias redactadas por los periodistas: el texto debe segmentarse en formato subtítulo y se adecúan según las convenciones que rigen los parámetros de subtitulación. La noticia que se edita sería el texto que se observa a la derecha. Asimismo, en la parte superior se ve qué se está emitiendo en directo. En la parte inferior se halla el texto que contiene la noticia seleccionada (Belenguer Cortés, 2022, p. 91).

Contar con la noticia previamente redactada y enviada por los periodistas implica la edición, el pautado y la emisión en directo del texto adaptado a las convenciones de los subtítulos para personas sordas. Sin embargo, en televisión es habitual que se dé el falso directo, es decir, noticias que se presentan como conexiones en directo que se han grabado previamente, antes de la emisión: consiste en la transcripción manual de lo que se dice en pantalla de manera espontánea cuando no se cuenta con un texto escrito por parte de los periodistas.

El objetivo del falso directo es crear una idea de presencia basada en la continuidad y la coherencia espaciotemporal de un evento (Galán Cubillo y Fernández Fernández, 2011). No obstante, el falso directo viene condicionado por aspectos relacionados con espacios, lugares, protagonistas, recursos, medios técnicos y humanos. Dicha técnica, utilizada generalmente en programas de género informativo o en concursos, se trabaja con un *speech* o discurso anteriormente redactado que se presenta como espontáneo. En estos casos, el subtitulador o subtituladora puede (no) contar con el texto redactado. En el departamento de Accesibilidad de À Punt, si no se dispone del texto, se recurre al superdirecto.

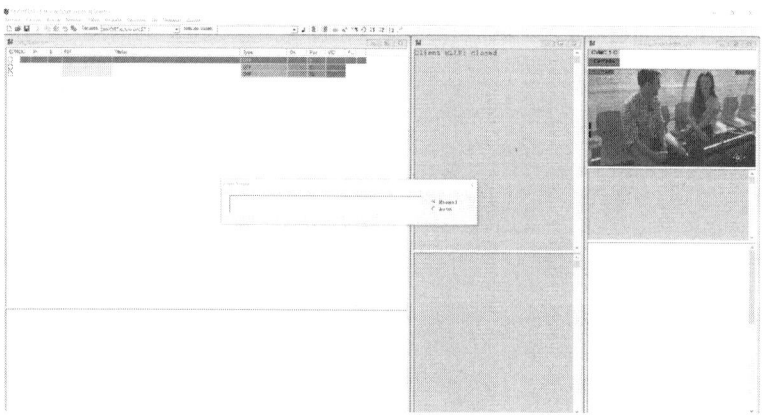

Figura 17. *Ejemplo de superdirecto de un noticiario en Fingertext.*

En este caso, por ejemplo, el superdirecto consiste en transcribir el *speech* del periodista. El uso de la función de superdirecto en Fingertext también se puede emplear para los totales, es decir, las intervenciones breves no guionizadas de testimonios dentro de una noticia para darle más verosimilitud. Aun cuando hay escaleta, los programas en directo deben hacerse en rehablado o transcribiendo la información manual con un teclado QWERTY (Belenguer Cortés, 2024), ya que todo lo que se dice durante el programa sigue un guion de temas, pero no de intervenciones.

Además de las noticias escritas y de la escaleta, la programación en directo no cuenta con ningún soporte escrito. Por tanto, el resto de los textos deben transcribirse o rehablarse desde cero a partir del texto oral. Este tipo de prácticas implican dificultades no presentes en las guías de estilo (Belenguer Cortés, 2022, p. 93; 2025a, p. 97): en primer lugar, cuando la señal falla y el audio se ve afectado, los subtituladores no pueden comprender el mensaje, por lo que los subtítulos pueden verse afectados en cuanto a actividad y coherencia; asimismo, la falta de preparación o de escaleta en programas como el magazín implica que los profesionales no tengan tiempo para llevar a cabo una documentación previa. Asimismo, los ordenadores que tienen Fingertext no tienen acceso a internet, por lo que es el resto del equipo del departamento de Accesibilidad los que deben facilitar el apoyo en casos de duda, error o falta de conocimiento con respecto a algún término o concepto que surja en el programa. De igual modo, el uso de barbarismos o de términos incorrectos también requiere la consulta a diccionarios y otras fuentes.

Por otro lado, el subtitulador necesita tiempo para escuchar, entender y redactar el mensaje, lo cual puede implicar en un desfase entre imagen y texto, ya que el cambio de código oral a código escrito y el respeto a las convenciones propias de la subtitulación para personas sordas requieren la atención del profesional. Este trabajo se ve dificultado por las interrupciones y las frases incompletas; por este motivo, se recomienda respetar las intervenciones al máximo posible para mantener la coherencia.

Como se explicaba anteriormente, es habitual encontrar distintos dialectos y variaciones lingüísticas; aun cuando se debe respetar al orador y ser fiel al mensaje original, en ocasiones es necesario llevar a cabo ajustes y eliminar redundancias, cosa que implica la reformulación de frases para asegurar la calidad de los subtítulos. En consecuencia, es necesario que el subtitulador o subtituladora domine tanto el lenguaje oral como el escrito, que garantice que el mensaje es claro y conciso y que se aplique tanto una correcta puntuación como una clara intención comunicativa.

| Dificultades en la subtitulación para personas sordas en directo | |
|---|---|
| Problemas de conexión | Sincronía con la imagen y texto |
| Terminología especializada | Paso de código oral a código escrito |
| Variaciones dialectales | |

Tabla 14. *Dificultades en la subtitulación para las personas sordas en directo.*

A pesar de las dificultades de la subtitulación para personas sordas en directo, la prioridad reside en la sincronía entre imagen, la corrección lingüística y una información contextual clarificadora y homogénea. Por tanto, es importante conocer las diferencias entre la subtitulación para personas sordas en directo y en diferido, como se sintetiza a continuación.

| Subtitulación para personas sordas en diferido | Subtitulación para personas sordas en directo |
|---|---|
| Similitudes | |
| Sincronía con la imagen y texto | Paso del texto oral a escrito |
| Uso de convenciones de la subtitulación para personas sordas | Convivencia de lenguas |
| Diferencias | |
| Subtitulación de productos pregrabados | Subtitulación en tiempo real |
| Individual | Puede ser individual o por parejas |
| *Software* sin reconocimiento de voz | *Software* con reconocimiento de voz |
| Tiempo de documentación y consulta | Sin tiempo de documentación y consulta |
| Todas las convenciones de subtitulación para personas sordas se aplican | Las convenciones se aplican si no afecta a la sincronía de la subtitulación con la imagen (efectos sonoros, etiquetas, información contextual) |

Tabla 15. *Diferencias y similitudes entre la subtitulación para personas sordas en directo y en diferido.*

Las diferencias de la Tabla 15 no son aspectos que se hayan contemplado en los parámetros incluidos en la sección 2.3. o dentro de la norma UNE. Por ello, cabe preguntarse si los subtituladores y subtituladoras para personas sordas, tanto profesionales como estudiantes, son conscientes (o no) de dichos desafíos y si saben cómo hacerles frente.

### 3.2. Estudiantes y profesionales: dificultades, soluciones y opiniones

Cuando una persona sorda o con problemas auditivos ve una película o un programa de televisión, los subtítulos no solo deben transcribir las palabras, sino también transmitir quién habla, qué suena en el entorno, cuándo hay silencio o cómo cambia la música. Pero ¿qué ocurre cuando la norma no cubre todas las situaciones reales? ¿Cómo se decide la mejor forma de subtitular?

Para comprender si es necesario ampliar (o no) la norma UNE teniendo en cuenta la perspectiva de los subtituladores y subtituladoras en formación y expertos, se plantea un estudio experimental. Para ello, se plantea un estudio en el que los participantes puedan subtitular un producto audiovisual con diferentes directrices para comprobar qué dificultades encuentran y, finalmente, se plantea que completen una encuesta para conocer la opinión sobre dichas complicaciones encontradas y considerar, de esta manera, una posible ampliación de la norma UNE 153010:2012. El objetivo es observar la (no) aplicación las normas de subtitulación para personas sordas en situaciones complejas y si toman decisiones distintas cuando tienen libertad frente a cuando siguen estrictamente la norma.

¿Existen diferencias entre participantes expertos y en formación? ¿O bien hay más similitudes? En los dos vídeos que planteamos (ficción y no-ficción), los participantes deberán subtitular un vídeo en el que se cuente con la norma UNE y otro en el que el encargo especifique qué soluciones o formato desea el cliente para ciertos aspectos que presenta el vídeo. Consideraríamos este estudio como piloto, por lo que se llevará a cabo una encuesta para conocer la opinión de los participantes sobre las dificultades y la posible ampliación de la norma UNE 153010:2012. Este diseño no solo nos permitió ver qué funciona y qué no en la norma actual, sino también qué ajustes proponen los estudiantes y profesionales de forma espontánea. En otras palabras, el experimento pretende detectar vacíos en la UNE y proponer mejoras basadas en evidencia real.

Para ello, explicaremos qué perfil presentan los participantes del estudio: en primer lugar, contamos con estudiantes matriculados en el grado de Traducción e Interpretación la Universitat Jaume I. No cuentan con experiencia profesional en subtitulación para personas sordas, pero sí que cuentan con nociones básicas, ya que cursan el itinerario de Traducción Audiovisual. Los profesionales, por su parte, cuentan con años de experiencia en À Punt tanto en la subtitulación en directo como en diferido, en español y en valenciano.

Les pedimos que subtitularan dos materiales muy distintos: *TàP Zàping*, un programa de televisión de no-ficción con un ritmo rápido, mucho humor y sobreimpresiones de texto, y *La mort de Guillem*, una película dramática con silencios prolongados y cambios de atmósfera. El enlace y la transcripción de los materiales puede consultarse en el Anexo I.

Cada participante contaba con dos consignas: en una versión debían seguir al pie de la letra la UNE (*TàP Zàping*), lo que consideraríamos la subtitulación para personas sordas de control —esto es, siguiendo la norma—, mientras que en la otra podían tomar decisiones basándose en las peticiones del cliente para lograr una subtitulación más cómoda y efectiva (*La mort de Guillem*), lo que se consideraría la subtitulación para personas sordas experimental —es decir, introducimos variables en el encargo para observar si existen diferencias—.

En las siguientes páginas se resumirán los resultados más representativos de este estudio, mostrando ejemplos concretos de cada parámetro de subtitulación para personas sordas y algunas de las opiniones de los participantes. La idea no es mostrar todos los datos técnicos, sino dar una visión clara de qué funciona, qué genera dudas y qué podría mejorar en el futuro. Se pretende mostrar, de forma clara y razonada, qué ocurre cuando la práctica se adelanta a la norma y cómo podemos aprender de ello para mejorarla.

### ¿Qué ocurre con la posición del subtítulo?

Como comentábamos, la norma UNE indica que la posición {\an2} es la más apropiada —a excepción de los efectos sonoros y las músicas, que van en posición {\an9}—; no obstante, como se ha observado en la sección 3.1., hay casos en los que no queda claro qué opción es la más apropiada si coexiste información relevante en pantalla con los subtítulos.

En el fragmento de *Tàp Zàping*, la consigna no indicaba ninguna consideración con respecto al vídeo; por tanto, los participantes debían seguir la norma UNE 153010:2012. Teniendo esto en cuenta, los participantes deberían poner los subtítulos en posición {\an2}—a excepción de los efectos sonoros y las músicas.

En este caso, tanto los participantes profesionales como en formación han optado de forma unánime (100%) por dejar los subtítulos en posición {\an2}.

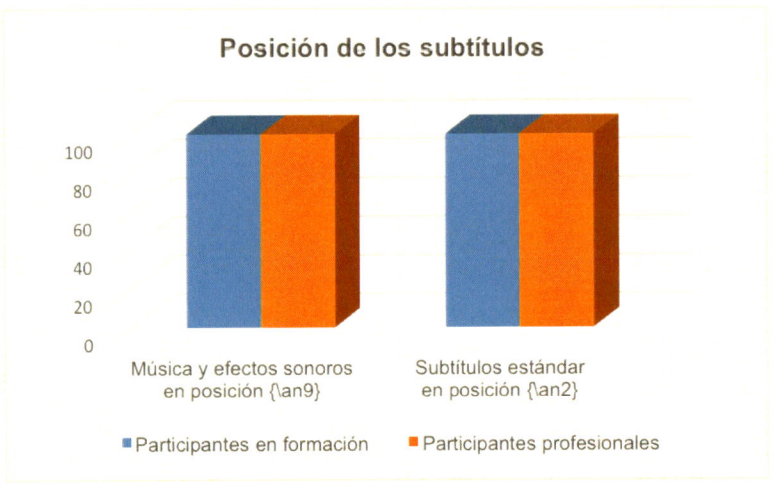

Gráfico 1. *Posición de los subtítulos.*

Sin embargo, cuando había convergencias de subtítulos con texto en pantalla, no todos los subtituladores saben cambiar la posición {\an2} a la {\an8}, aun cuando la norma UNE indica que deben cambiarse de posición cuando oculten información. En el caso de *Tàp Zàping* hay rótulos en pantalla, lo cual dificulta la decisión de colocar los subtítulos de manera correcta cuando los rótulos aparecen y desaparecen de manera continua. De hecho, los resultados son dispares con respecto a los participantes en formación y los participantes profesionales: mientras que la mayor parte de subtituladores profesionales (85,7%) tiende a colocar los subtítulos en posición {\an8} en caso de converger con texto en pantalla, a diferencia de los estudiantes, que tienden a colocar los subtítulos en posición {\an2} (90,9%) a pesar de tapar el texto que se observa en la imagen.

Por tanto, se observa una falta de unanimidad debido a que la norma UNE no especifica de manera concisa cómo y dónde colocar dichos subtítulos; en dicho caso, se hubiera observado la unanimidad reflejada en el Gráfico 1. Aun cuando la experiencia desempeña un papel relevante en la toma de este tipo de decisiones, se puede comprobar en el Gráfico 2 que un 9 % de los estudiantes ha optado por la posición {\an8} y que un 14,2 % de los profesionales ha colocado los subtítulos siempre en la posición {\an2}.

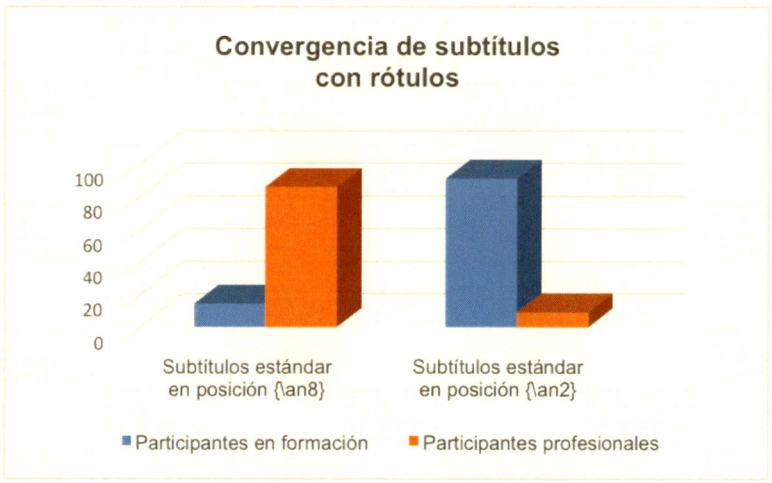

Gráfico 2. *Convergencia de subtítulos con rótulos.*

Asimismo, para determinar si cabría considerar la propuesta de Martínez Lorenzo (2021) de colocar los efectos sonoros en posición {\an2}, en *La mort de Guillem* se daba la instrucción de que, por limitaciones técnicas, los efectos sonoros debían colocarse en posición {\an2}. En este caso, tanto participantes profesionales (85,7 %) como estudiantes (77,28 %) han seguido de manera adecuada la consigna.

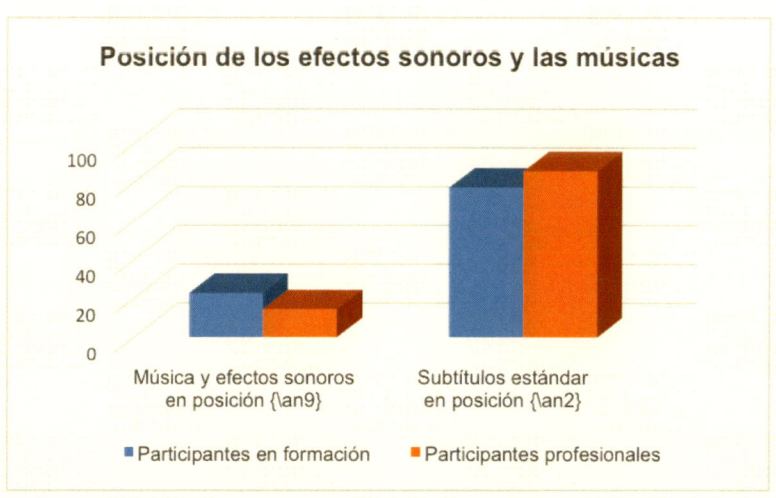

Gráfico 3. *Posición de los efectos sonoros y las músicas.*

En las encuestas, con respecto a la posición de los efectos sonoros, se han recogido diversas opiniones al respecto: un 40,9% de los subtituladores en formación afirma que colocar todos los subtítulos en posición {\an2} les resultaba más sencillo, aunque «puede llegar a confundir»: aseveran que se olvidan «de la posición {\an9}» y no se equivocaban «porque todo aparecía en el mismo lugar de la pantalla». Por otro lado, el 4,5% indicaba que le parecía el aspecto más difícil porque «le liaba». En lo que respecta a los subtituladores profesionales, el 28,4% encontraba este aspecto como el más sencillo de aplicar en *La mort de Guillem*. Asimismo, otro 28,4% también sostenía que no colocar los efectos sonoros en {\an9} le resultaba «confuso» y «extraño».

### ¿Qué ocurre con la identificación de personajes?

Tal y como indica la norma UNE, los colores deben ser una prioridad y fieles al personaje asignado; en ella, hay indicaciones sobre cómo actuar con los documentales: blanco para el narrador —pero, en caso de haber más de un interlocutor, se le asigna el color amarillo y al resto, blanco—.

En *Tàp Zàping* encontramos un programa de no-ficción con un presentador principal y diversos interlocutores descontextualizados y sin continuidad en los contenidos del fragmento, ya que son fragmentos de diversos programas que se unen para dar un toque humorístico.

En los resultados, se observa cómo la mitad de los participantes en formación (50%) asigna el color amarillo al presentador, mientras que la mitad restante (50%) lo asigna a otros interlocutores. Por otro lado, la mayor parte de los participantes profesionales sí que asigna el amarillo al presentador (57,2%), aunque la diferencia no es notable, ya que el 42,8% restante no lo hace.

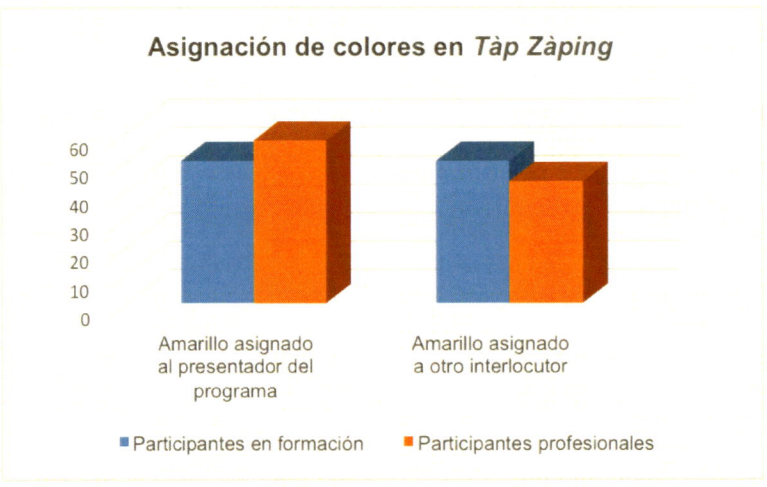

Gráfico 4. *Asignación de colores en* 'Tàp Zàping'.

En consecuencia, a pesar de lo que indica la norma, no existe una respuesta unánime por parte de los participantes. Lo mismo ocurre en el material de ficción, *La mort
de Guillem*: la asignación de colores —amarillo, verde, cian, magenta y blanco— no es
uniforme, dado que se requiere visionar la película en su totalidad o llevar a cabo una
documentación previa para entender la importancia de cada personaje en el filme. En el
caso que nos ocupa, si bien los participantes en formación y participantes profesionales
asignaron el color amarillo y verde a los mismos personajes Guillem Agulló y Carme
Salvador —aunque no de manera unánime—, hay una gran variedad en lo que respecta
al cian, el magenta y el blanco.

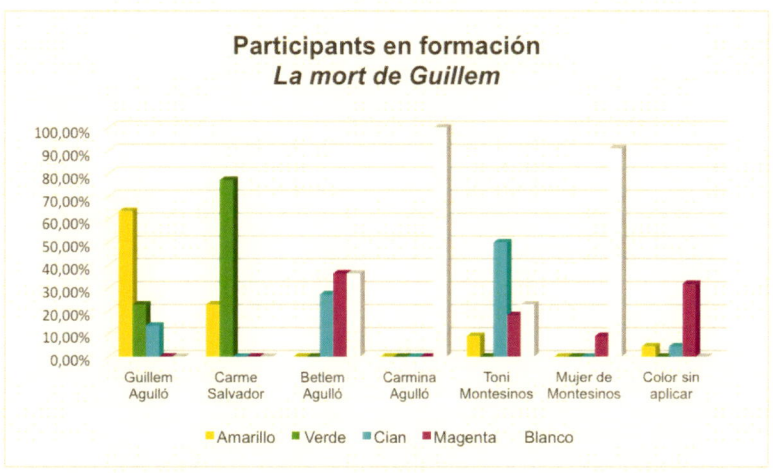

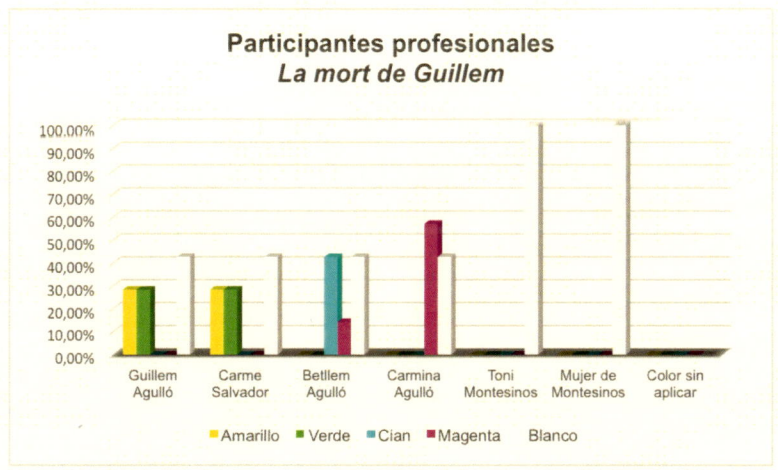

Gráfico 5. *Asignación de colores en* 'La mort de Guillem'.

Por tanto, se observa, de nuevo, una falta de unanimidad con respecto a cuál es la mejor manera de asignar colores tanto en materiales de ficción como de no-ficción. Asimismo, en las encuestas, hay participantes que indican que en *La mort de Guillem* la importancia de los personajes era «evidente» (9%), aunque hay otros que indican que les resultó el aspecto más complejo (18%). Los profesionales por su parte, no indican problemas con respecto al uso de colores.

En cuanto al uso de etiquetas y guiones, la norma UNE tan solo indica el orden de prioridad para la identificación de personajes —colores, etiquetas y guiones, respectivamente—, pero en ambos materiales es complejo identificar a los interlocutores, bien sea por intervenciones rápidas y descontextualizadas (*TàP Zàping*) o por interrupciones continuas entre los hablantes (*La mort de Guillem*). Asimismo, debe respetarse la velocidad de lectura y tener en cuenta los constantes cambios de escena. En relación al uso de etiquetas, la mayoría de los participantes en formación (90,9%) y profesionales (85,7%) no utiliza ninguna etiqueta en *TàP Zàping*. Sin embargo, el 100% de participantes profesionales utiliza guiones, mientras que solo el 36,3% de los participantes en formación los emplea. En *La mort de Guillem*, el 77,2% de los participantes en formación no han utilizado etiquetas y el 66,3% tampoco ha utilizado guiones; no obstante, el 100% de participantes profesionales utiliza tanto etiquetas como guiones.

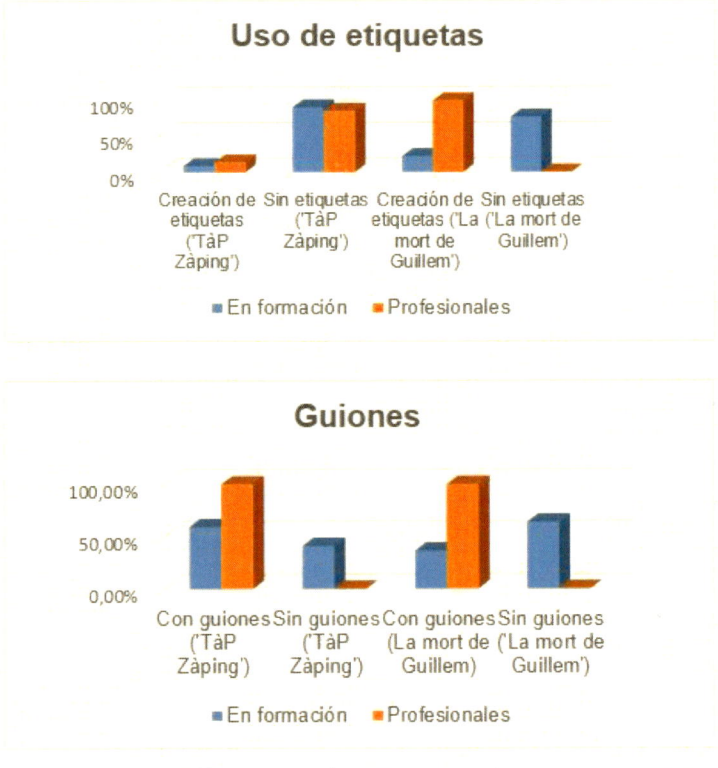

Gráfico 6. *Uso de etiquetas y guiones.*

Observando el uso de etiquetas y guiones en el material, no existe uniformidad por parte de los estudiantes con respecto al os profesionales, ni en un material ni en otro. Resulta llamativo considerar que todos los profesionales han visto necesario utilizar estos dos recursos, mientras que la mayoría de los participantes en formación no lo ha considerado así. Por tanto, cabría reflexionar sobre posibles especificaciones en la norma con respecto al (no) uso de etiquetas y guiones mediante ejemplos y casuísticas explicitadas en ella.

### ¿Qué ocurre con los efectos sonoros?

De acuerdo con la norma UNE, los efectos sonoros se subtitularán en posición {\ an9} de manera sustantivada, entre paréntesis y con mayúscula inicial. Se deberá mantener la sincronización con el contenido sonoro y no ser redundante con la imagen.

Tanto los participantes expertos (100%) como los estudiantes (100%) han creído conveniente utilizar los efectos sonoros en *La mort de Guillem,* a diferencia de *TàP Zàping* (14,2% y 77,2%, respectivamente).

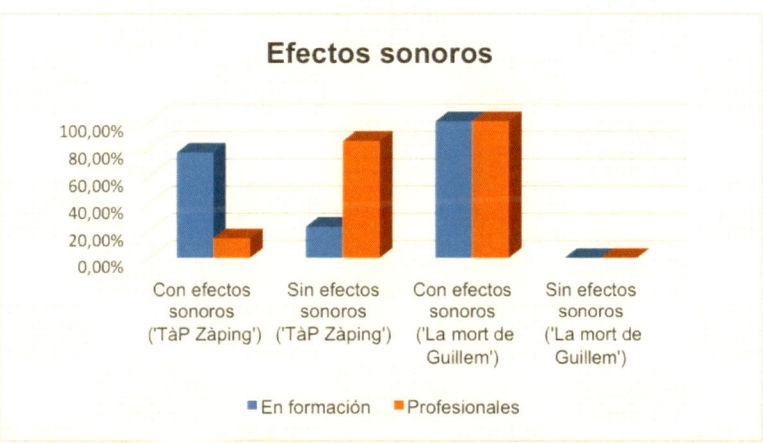

Gráfico 7. *Uso de efectos sonoros.*

En el caso de los silencios presentes en *La mort de Guillem*, en el encargo se había explicitado que el cliente deseaba la explicitación de los silencios cuando las pausas fueran demasiado largas. Asimismo, la norma UNE no explicita cómo tratar los silencios con un efecto sonoro dramático —como ocurre en filme, que los personajes lloran en pantalla y, mientras tanto, el efecto sonoro es de silencio—. La mayoría de los participantes en formación (59%) y la totalidad de los participantes profesionales (100%) han decidido subtitular los silencios.

Gráfico 8. *Marca de silencios.*

Ha habido participantes que han indicado dificultades con respecto a cuándo (no) subtitular los silencios; concretamente, el 13,6% de los participantes en formación y el 14,2% de los profesionales. Por tanto, cabría reflexionar si la norma UNE debería especificar el trato de este tipo de efectos sonoros.

### ¿Qué ocurre con la información contextual?

De acuerdo con la normativa, el ritmo, las pausas, la fluidez, el acento, la entonación y otros aspectos del habla deben ir entre paréntesis y en mayúsculas. Sin embargo, en los materiales encontramos titubeos que dejan oraciones inacabadas y efectos sonoros con fin humorístico cuando hablan ciertos interlocutores.

De entrada, no hay uniformidad entre los participantes en formación, aunque la mayoría coloca la información contextual a principio de línea (63,6%), tal y como hacen los profesionales (100%). Sin embargo, en *La mort de Guillem* los participantes estudiantes y profesionales optan por colocar la información a principio de línea.

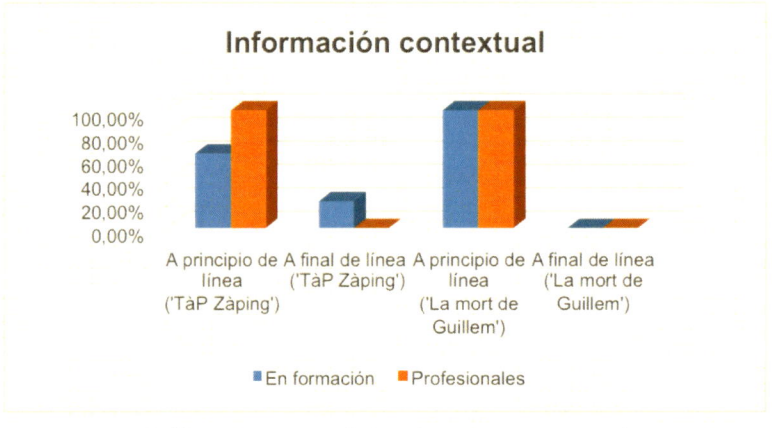

Gráfico 9. *Posición de la información contextual.*

Cabría analizar la razón por la que todos los participantes han optado por la misma solución en *La mort de Guillem* y no en *TàP Zàping*, pero de igual forma se podría considerar si la norma debería explicitar si existe algún caso en el que la información textual apareciese al final de línea (tal y como han hecho algunos participantes) se debe a que dicha información (una risa o un gemido, por ejemplo) se detecta de manera acústica después de la intervención oral. Asimismo, un 4,5 % de los participantes en formación manifestaron encontrar dificultades a la hora de hacer frente a la información contextual.

### ¿Qué ocurre con la voz en 'off'?

La norma UNE recomienda el uso de la cursiva cuando se emplean voces en *off*. Sin embargo, no siempre se cuentan con medios técnicos para hacerla visible en los subtítulos —como ocurre, por ejemplo, en los casos del uso del teletexto, que no admite esta marca tipográfica—. Por este motivo, en el caso de *TàP Zàping* se ha observado qué hacen los participantes cuando encuentran voces en *off*.

El 100 % de los participantes profesionales ha optado por escribir la voz en *off* en redonda —lo cual es comprensible si tenemos en cuenta que en À Punt la subtitulación para personas sordas es visible mediante el teletexto y podría deberse a un criterio propio de los profesionales—; sin embargo, el 50 % de los participantes en formación ha optado por el uso de la cursiva, a diferencia del 50 % restante, que ha actuado igual que los profesionales.

Gráfico 10. *Formato de las voces en 'off'.*

Esto invita a reflexionar por qué los participantes en formación han optado a una opción u otra, ya que quizá algunos estudiantes no han comprendido qué se considerar realmente por una voz en *off*.

### ¿Qué ocurre con la música?

Según la norma, se debe subtitular el tipo de música si es relevante para la trama y siempre identificando el título y el autor, el tipo de música o la emoción que transmite; asimismo, el subtítulo iría en posición {\an9}, entre paréntesis y con mayúscula inicial.

De nuevo, se observan diferencias entre los participantes en formación y profesionales: no solamente en lo que respecta a la música argumental —es decir, la diegética— y ambiental —esto es, la extradiegética—, sino también respecto al formato. Los profesionales no han marcado en ningún caso la música ambiental, mientras que todos los participantes en formación han optado por marcarla, bien sea por el tipo de música (72,7 %), el título y el autor (31,8 %) o la emoción que transmite (27,2 %). En el caso de la música argumental, tanto los profesionales como los estudiantes la han marcado en *TàP Zàping* (42,8 % y 72,7 %, respectivamente) y *La mort de Guillem* (72,4 % y 95,4 %). No obstante, en *TàP Zàping* se observa que la mayoría de los profesionales ha optado por no marcar ni la música ambiental ni la música argumental, a diferencia de los participantes en formación.

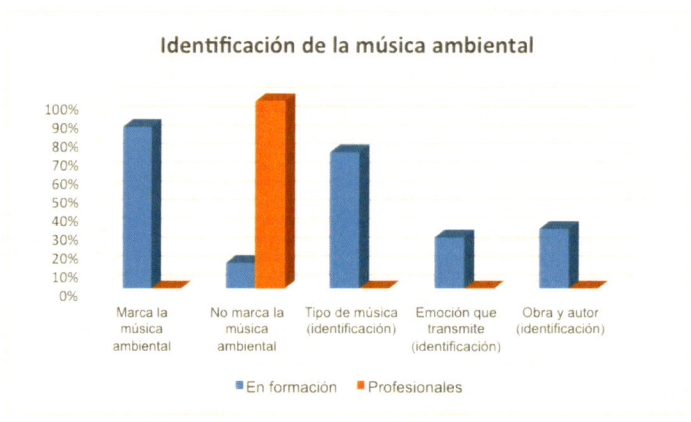

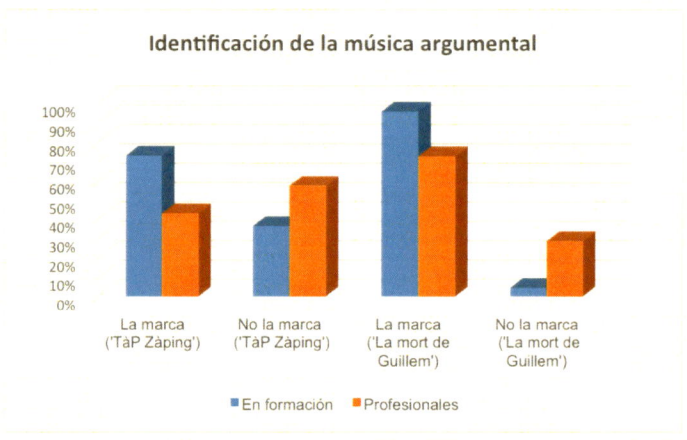

Gráfico 11. *Identificación de la música ambiental y argumental.*

Estos datos pueden dar lugar a una reflexión sobre el motivo de dicha decisión, ya que la identificación de las canciones ha sido problemática para el 9% de los profesionales y el 14,2% de los profesionales. Asimismo, el 13,5% de los participantes en formación consideró que la subtitulación de las canciones resultó sencilla, aunque el 18% de los participantes afirmó que les resultó complicado en cuanto a la identificación de obra y autor. Por su parte, el 14,2% de los participantes profesionales ha encontrado sencillo subtitular la música, aunque el mismo porcentaje indica lo contrario.

### ¿Qué ocurre cuando coinciden dos subtítulos?

La norma UNE 153010:2012 no indica los criterios de actuación cuando se solapan dos subtítulos al mismo tiempo —como, por ejemplo, una intervención de un interlocutor y un efecto sonoro— (véase Figura 8). Por tanto, resulta interesante observar cómo actúan los participantes, ya que en ambos materiales la música coincide con las intervenciones.

En *TàP Zàping,* en el caso de los participantes en formación, la mayoría avanza el efecto sonoro (40,9%), aunque también hay participantes que optan por llevar a cabo el cálculo de velocidades para superponer los subtítulos (36,3%) —tal y como explica De Higes Andino (2016)— y que incluso omiten el efecto sonoro (13,7%), mientras que los profesionales optan por omitir el efecto sonoro (85,7%) o avanzarlo (14,3%); por otro lado, en *La mort de Guillem* los participantes en formación han optado por avanzar el efecto sonoro (77,2%) o superponer los subtítulos con el recálculo de velocidad (22,8%), mientras que todos los participantes profesionales han optado por omitir el efecto sonoro (100%), quizá porque los medios técnicos con los que trabajan normalmente no permiten la superposición de subtítulos con el consiguiente recálculo de velocidad de lectura.

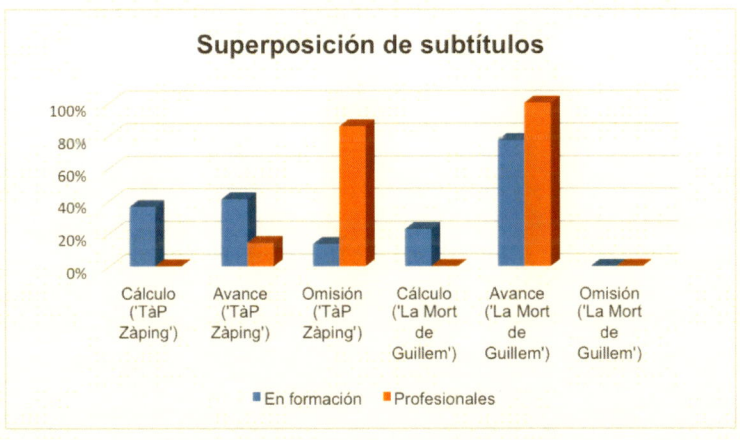

Gráfico 12. *Superposición de subtítulos.*

Por tanto, la norma UNE podría contemplar estos casos para facilitar la toma de decisiones por parte de los participantes, ya que el 4,5% de los participantes en formación afirman que les resultó difícil en *La mort de Guillem.*

### ¿Qué ocurre con la convivencia de lenguas?

La norma UNE señala que es necesario seguir las convenciones propias de la lengua vehicular (sección 10.5.) establecidos por la institución pertinente. Por tanto, solo se respetarán los casos en los que los personajes o interlocutores cometen errores gramaticales o léxicos relevantes para la trama. Sin embargo, en la convivencia de lenguas, existe la presencia de barbarismos o de errores lingüísticos propios del registro informal: en *TàP Zàping* existen signos de oralidad que pueden (no) reproducirse en los subtítulos, mientras que en *La mort de Guillem* hay incorrecciones léxicas y gramaticales tanto en las intervenciones de los personajes como en la letra de las canciones (véase Anexo 1).

En el siguiente gráfico se observa cómo los participantes en formación (100 %) y profesionales (95,4 %) tienden a estandarizar la lengua en *TàP Zàping* y, por tanto, no reflejan ni los errores ni los barbarismos en los subtítulos, mientras que en *La mort de Guillem* tanto los participantes en formación (68,1 %) como los profesionales (57,4 %) tienden a respetar los errores y los barbarismos y a no estandarizar. Asimismo, hay participantes en formación (9 %) y profesionales (28,5 %) que combinan tanto incorrecciones como correcciones, por lo que no parece haber uniformidad en los productos audiovisuales.

Gráfico 13. *Errores lingüísticos.*

Este fenómeno puede deberse al registro coloquial y la oralidad presente en las escenas.

### ¿Qué opinan los subtituladores?

Ahora que se han observado los resultados de las subtitulaciones, ¿qué piensan los participantes sobre todo este proceso? Para ello, observaremos qué aspectos les ha resultado más fáciles y cuáles más difíciles. Si observamos las facilidades, encontramos que hay divergencias entre participantes en formación y profesionales: por un lado, los participantes en formación han encontrado sencillo colocar los efectos sonoros en posición {\an2} (40,9 %) y subtitular la letra de las canciones. Para los participantes profesionales, lo más sencillo ha sido subtitular los silencios (28,5 %).

Sobre los aspectos más difíciles a la hora de llevar a cabo la subtitulación, las respuestas de los participantes en formación eran muy variadas, aunque destacaban los efectos sonoros (18,1 %) y los silencios (13,6 %). Un 28,5 % de participantes profesionales indica que no ha encontrado dificultades, aunque el resto de participantes indica que la autoría de la canción, los silencios y los caracteres per segundo y la reducción de caracteres por línea. En cualquier caso, todos los parámetros han resultado complejos, al menos, para un porcentaje de los estudiantes.

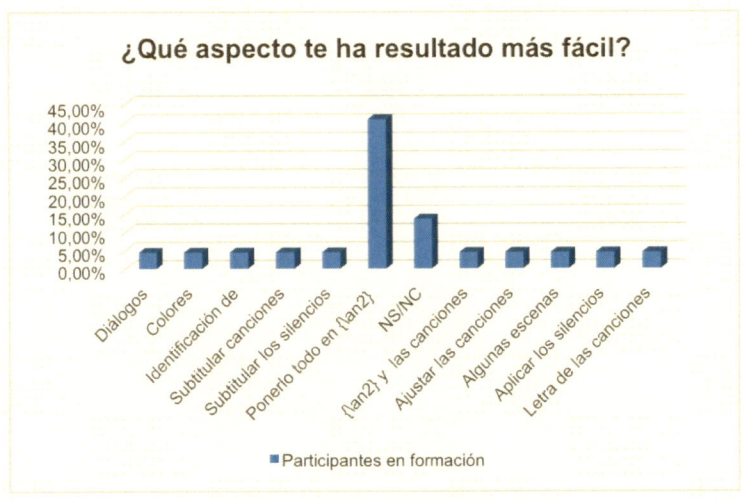

Gráfico 14. *Facilidades encontradas por los participantes.*

Gráfico 15. *Dificultades encontradas por los participantes.*

En lo que respecta a las opiniones sobre ampliar (o no) la norma UNE, se preguntó a los participantes si les gustaría contar con una guía de subtitulación para personas sordas que fuese más concreta y específica para hacer frente a las casuísticas presentadas, tanto los participantes en formación (77,2 %, sumando el nivel 4, de 45,4 %, y el nivel 3, del 31,8 %) y profesionales (71,4 %).

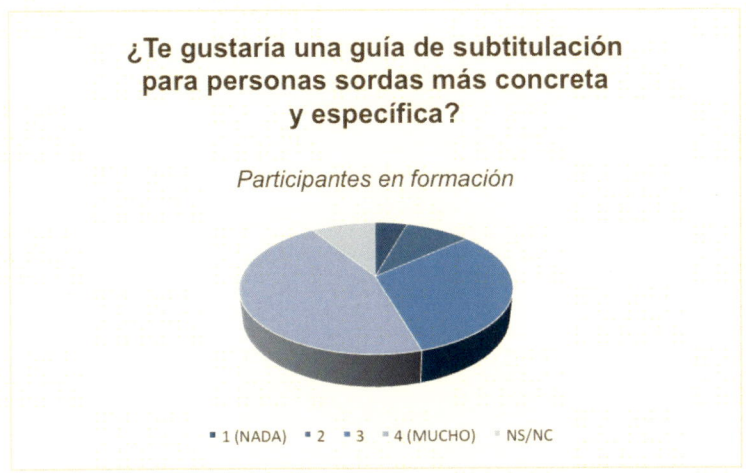

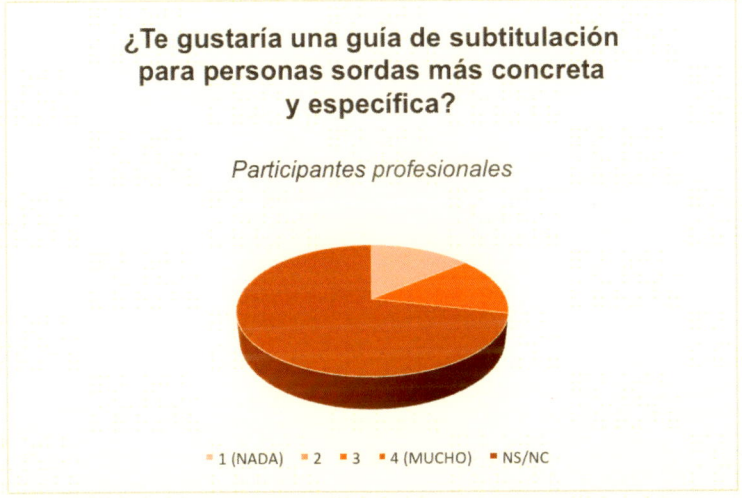

Gráfico 16. *Opiniones sobre una nueva guía de subtitulación.*

# 4
## Una propuesta de mejora

Tras haber estudiado con detenimiento los parámetros de la subtitulación para personas sordas, la norma UNE y después de observar las problemáticas, las soluciones y las opiniones de los participantes, ¿qué mejoras podrían plantearse? Para verlo con mayor detenimiento, se observará cada parámetro en orden de presentación en el libro.

### Aspectos temporales

Los aspectos temporales incluyen la velocidad de subtítulos, la sincronía y la duración de los subtítulos, la pausa entre subtítulos y la velocidad de lectura (véase sección 2.3.). Teniendo en cuenta lo que incluye la norma UNE 150310:2012 y lo que no y tras considerar las opiniones manifestadas por los participantes en el estudio, coincidimos con Martínez-Lorenzo (2021a) cuando afirma que, respecto a la pausa de los subtítulos, la norma UNE 153010:2012 resulta incompleta en cuestiones de velocidad, duración o superposición; de hecho, el 28,4% de los participantes profesionales indicaron que los caracteres por segundo requiere «un esfuerzo para intentar condensar el texto sin alejarse demasiado de la literalidad», ya que «hablan muy deprisa y se interrumpen los interlocutores».

Existen recomendaciones argumentadas por estudios académicos como, por ejemplo, si los 15 caracteres por segundo pueden resultar un ritmo de lectura lento, que la duración mínima de un subtítulo debería ser de un segundo o que debería haber una pausa de 200 milisegundos o tres *frames* (Díaz Cintas, 2007, 2008; De Higes Andino y Cerezo Merchán, 2018). Sin embargo, existen recomendaciones de 500 milisegundos (ISO/IEC, 2018) o tres o cuatro fotogramas (Torralba-Miralles *et al.*, 2019, p. 141).

Las nuevas guías podrían incluir recomendaciones y ejemplos específicos en los que hay conversaciones reducidas: aunque la norma incluye un apartado sobre la economía del lenguaje (AENOR, 2012: p. 29), debería también incluir aspectos relacionados con el lenguaje claro, el uso de metáforas y el número de caracteres por línea que pueda verse limitado por motivos técnicos —como el teletexto, que implica 36 caracteres en À Punt y no 37—. Asimismo, si es posible técnicamente, se podría incluir el cálculo de velocidad de subtítulos en el caso de superposición de subtítulos que propone De Higes Andino (2016), de forma que tanto profesionales como estudiantes cuenten con la metodología y los casos en los que dicho proceso podría ser recomendable.

## Aspectos visuales

En cuanto a la posición de los subtítulos, deberían incluirse más opciones a la hora de cambiar los subtítulos de la posición {\an2}, ya que en muchas ocasiones la posición {\an8} no es la opción idónea si cubre rostros, texto en pantalla u otra información relevante, tal y como se hace en Canadá (Canadian Association of Broadcasters, CAB, 2012, p. 12), Dinamarca (FBO, 2019) o en el Reino Unido (BBC, 2019).

Asimismo, en el documento se podría sugerir que los efectos sonoros podrían ir en posición {\an2}, como la guía de Martínez-Lorenzo en lengua gallega (2021a), ya que, a excepción de España, en otras guías de otros países no es habitual colocarlos en la posición {\an9} (Arnáiz-Uzquiza, 2015).

Respecto a la segmentación, el color, la tipografía y la fuente, la norma UNE 153010:2012 es bastante completa, ya que especifica con detalle la presentación estática de las líneas del texto, las líneas por personaje, el tamaño mínimo y máximo de los caracteres.

## Identificación de personajes

En cuanto a colores se refiere, una ampliación de la norma podría profundizar en la asignación y el uso de colores y, asimismo, ofrecer estrategias para afrontar casuísticas que presentan diversos personajes que pueden ser relevantes (o no) en la trama; dichas situaciones pueden darse en las series de televisión, ya que los profesionales pueden tener acceso a una única temporada o a un número limitado de capítulos, sin saber si dicho personaje tendrá una continuidad en la serie. Además de incluir el orden prioritario y recomendable de colores, habría que diferencias entre los tipos de programas audiovisuales que existen, las características que presentan y ofrecer indicaciones sobre cómo actuar en géneros como, por ejemplo, el terror o el suspense, ya que el color podría destripar el final o no acompañar el misterio de la trama. En consecuencia, en las series de ficción, se podrían ofrecer estrategias para asignar colores cuando se desconoce el hilo argumental —como, por ejemplo, cuantificar el número de intervenciones de cada personaje según el guion de doblaje y saber, por cuántas intervenciones tiene en el producto audiovisual, qué personaje tiene más peso en la trama—.

En cuanto a las etiquetas, la norma podría explicitar problemáticas y situaciones en las que el uso de etiquetas sea la mejor estrategia para encontrar una solución en la subtitulación para personas sordas. Por ejemplo, se deberían incluir las circunstancias en las que es imprescindible utilizar una etiqueta —como es el caso de los personajes con el color blanco asignado— y qué pautas se pueden aplicar para su utilización. En diálogos complejos con múltiples personajes hablando al mismo tiempo, cuando no se distinguen claramente por la voz o cuando un personaje habla fuera de pantalla, las etiquetas ayudan a clarificar quién dice qué y, de esta manera, se evitan confusiones —como hace la BBC (2019) con personajes que hablan al mismo tiempo (Belenguer Cortés, 2025a)—. También son esenciales cuando hay personajes con voces similares, voces en *off* o narradores que no forman parte directa de la acción, y también en escenas con intervenciones rápidas entre personajes. Esto mejora la comprensión de la trama y garantiza que las personas sordas o con pérdidas auditivas tengan una experiencia de usuario comparable a la de las personas oyentes.

Por último, convendría establecer criterios claros sobre cómo y cuándo deben utilizarse los guiones. Las explicaciones deberían ir acompañadas de ejemplos que ilustrasen casos concretos en los que los guiones sean la mejor solución para identificar personajes. Se podría especificar hasta qué punto son más convenientes los guiones o las etiquetas con ejemplos, casuísticas e ilustraciones para guiar a los subtituladores para personas sordas y garantizar, así, un uso adecuado y estandarizado (BBC, 2019). Asimismo, se podría considerar el uso de pictogramas para facilitar la comprensión de otros usuarios que puedan hacer uso de los subtítulos (ISO/IEC, 2018).

### Efectos sonoros

Además de la posición de los efectos sonoros que se mencionaba anteriormente, una ampliación de la norma UNE 153010:2012 podría reflexionar sobre cómo subtitular los efectos sonoros con efecto humorístico o irónico: determinar si se sigue el mismo criterio que con las risas enlatadas —es decir, no se subtitulan—. Asimismo, sería conveniente reflexionar sobre los sonidos no deducibles por la imagen —como el pitido ensordecedor que suena en *La mort de Guillem* con fines dramáticos— y si sería conveniente subtitularlos; por su parte, la ISO/IEC (2018) indica que es preciso hacerlo: *(Bleep)*.

En lo que respecta a los silencios, se podría contemplar cuándo se deberían subtitular los silencios —como ya hace la norma ISO/IEC (2018)—, cómo y de qué manera. Se debería determinar cómo actuar cuando los silencios son relevantes para la trama o con silencios abruptos para facilitar la toma de decisiones del profesional. En primer lugar, es importante identificar si el silencio transmite algo significativo —tensión, sorpresa o incomodidad— y, de ser así, considerar la posibilidad de indicarlo en los subtítulos mediante descriptores —con efectos sonoros que lo indiquen— o información contextual —como *(INAUDIBLE)* o *(LOS APLAUSOS SE SOLAPAN CON EL DISCURSO)*, por ejemplo, tal y como hace la BBC (2019)—. El subtitulador debe prestar especial atención a la función narrativa o emocional de los silencios para asegurarse de que la audiencia comprenda su papel en la narrativa. Cuando un silencio es abrupto o inesperado, se puede reflejar en el subtítulo mediante el uso de puntos suspensivos en las intervenciones, aunque se pueden utilizar otros indicadores que sugieran la interrupción o pausa repentina en el diálogo. Asimismo, es crucial mantener la coherencia en el uso de dichos recursos en el producto audiovisual para facilitar la comprensión y garantizar que los espectadores con pérdida auditiva tengan una experiencia similar al resto del público.

### Información contextual y voces en 'off'

Si bien la mayoría de participantes siguen el mismo criterio a la hora de colocar la información contextual a principio de línea, se deberían estudiar los motivos por los que se cambia la posición para determinar el motivo por el que se ha llegado a esta decisión y determinar cómo actuar cuando la información contextual no se puede incluir por motivos técnicos o falta de espacio. Además, se podría reflexionar sobre si sería conveniente cambiar de posición la información contextual y en qué casos sería más conveniente. Por ejemplo, cómo actuar si la información contextual es redundante con la imagen.

Por su parte, en las voces en *off* se debería establecer cuál es el formato más adecuado en lo que respecta a su presentación —cursiva, redonda, con o sin etiqueta de *(VOZ EN OFF)*—. En primer lugar, sería conveniente que la norma UNE 153010:2012 definiera qué es una voz en *off* (BBC, 2019) y, seguidamente, especificar alternativas a la cursiva si esta no está disponible técnicamente: ¿serían las comillas simples su sustituto? Por último, convendría especificar que, si la voz en *off* es de un personaje con color, dicha intervención en *off* también llevaría dicho color.

### Música

Teniendo en cuenta que hubo participantes profesionales que no consideraron relevante subtitular la música ambiental —a diferencia de los participantes en formación—, convendría determinar cuándo la música ambiental es determinante y en qué casos se puede omitir para evitar redundancias con la imagen o el conocido como «ruido visual» (Belenguer Cortés, 2025, p. 249). De esta manera, se podrían esclarecer estos caoss de manera pedagógica mediante ejemplos.

Por otra parte, el formato de la música argumental debería ser estudiado en la norma: si bien indica la marca de los versos de las canciones, la repetición de sílabas de la letra, la presencia de onomatopeyas y de la identificación de las canciones no tienen una gran cabida en la norma. Por ello, se podría ofrecer más detalle y explicitar casuísticas para indicar cómo subtitular correctamente las canciones, si hace falta (o no) dejar espacios entre los símbolos, si existe alguna preferencia entre el uso de la corchera o de la almohadilla si ambas son técnicamente posibles. La BBC (2019) incluye una sección en la que se centra en las onomatopeyas, pero también podría incluirse la repetición de sílabas y los títulos de las canciones, sobre todo en los casos en los que se trate de canciones populares sin un título oficial.

### Aspectos lingüísticos

Dado que la corrección, la literalidad y la reproducción de errores en el contexto de la subtitulación para personas sordas son aspectos complejos, sobre todo en entornos diglósicos, la norma UNE debería ir más allá: si bien establece directrices claras en lo que respecta a la corrección gramatical y ortográfica y sostiene que se deben seguir los criterios establecidos por las instituciones lingüísticas pertinentes (en el caso del español, la RAE), la norma debería reflexionar sobre cómo subtitular (o no) las incorrecciones, ya que se indica que se deben reproducir cuando sean significativas en la trama: cómo se reproducen, cuándo y cómo. Si dicho criterio variará según el destinatario —infantil o adulto— y contexto —tipo de producto audiovisual— e ilustrar mediante casos prácticos, las diferentes variantes lingüísticas que oscilan en diferentes registros —formal, estándar y coloquial— y a través de ejemplos que ofrezcan soluciones —sobre todo, en contextos en los que haya una convivencia de lenguas—.

En regiones de España como la Comunidad Valenciana, la convivencia del valenciano y del castellano es una realidad cotidiana: las intervenciones de los productos audiovisuales pueden alternar entre ambas lenguas o integrar préstamos o extranjerismos. Dicha situación representa un desafío para los subtituladores y las subtituladoras, ya que en la norma UNE 153010:2012 no se especifican criterios claros para la gestión de materiales con más de una lengua. Esto puede provocar variaciones en la subtitulación, sobre todo en lo que respecta a la lengua vehicular de los efectos sonoros y la información contextual de los materiales, así como la corrección (o no) de errores o variaciones lingüísticas de una misma lengua. También se podría considerar si, en caso de respetar los errores, el tiempo de exposición de los subtítulos debería ser mayor (BBC, 2019).

Figura 18. *Cómo no hacer un subtitulado para S/sordes. (bbo, 2025)*

En la práctica los profesionales toman decisiones basadas en el contexto específico del material audiovisual y las preferencias del cliente. En primer lugar, se establece si los efectos sonoros y la información contextual se escribirán en la lengua predominante del producto o en la lengua de la intervención específica. Asimismo, la tendencia a estandarizar los subtítulos, especialmente en contextos formativos y profesionales, pueden llevar a omitir ciertos signos de oralidad que son comunes en el habla de los personajes y que contribuyen a su caracterización y a la autenticidad de la trama. En la norma se podrían incluir aspectos sobre la censura, la literalidad y la (no) reproducción de aspectos orales y lingüísticos presentes en el producto audiovisual.

Por otro lado, idóneamente, en ampliaciones de la norma se podrían ofrecer ejemplos y explicaciones sobre cómo actuar ante dos lenguas convivientes en un mismo producto audiovisual: se debería considerar hasta qué punto la intención del hablante puede determinar estas decisiones (BBC, 2019), además de tipo de producto, la finalidad del mensaje y la intención del orador. La corrección, la literalidad y la reproducción de errores en la subtitulación para personas sordas son aspectos interrelacionados que requieren un equilibrio: la norma 153010:2012 proporciona directrices muy valiosas, pero también deja espacio para la interpretación y la adaptación según el contexto específico. Por tanto, en entornos diglósicos, los subtituladores y subtituladoras deberán ser especialmente consciente de la dinámica entre dos lenguas y tomar decisiones informadas para garantizar una experiencia audiovisual coherente y comprensible para la audiencia.

# 5
# Conclusiones

La subtitulación para presonas sordas puede verse sujeta a cambios que garanticen una mayor accesibilidad en la oferta de productos audiovisuales. Como se ha comentado, existen dificultades en la implementación de directrices establecidas por la norma desde un punto de vista experimental con profesionales y estudiantes en formación: hay diferencias sustanciales no solamente entre los resultados de cada uno de los grupos examinados, sino también en la forma en que cada uno afronta los desafíos generales presentes de la subtitulación para personas sordas.

Uno de los hallazgos más relevantes en la investigación es que, aunque la norma UNE 153010:2012 es un marco de referencia importante de accesibilidad en la traducción audiovisual, su aplicación práctica resulta limitada en algunas aplicaciones entre sus aspectos más importantes. Ejemplos de ello se encuentran en la clasificación de personajes, la representación del efecto sonoros, la gestión de la información contextual a la representación de las voces en *off*, entre otros. Esto genera incertidumbre en los profesionales a la hora de aplicar criterios homogéneos en la subtitulación y, en ocasiones, puede afectar la comprensión del contenido por parte del público destinatario:

«Los avances que se observan en el camino hacia la eliminación de barreras son un claro reflejo de la creciente sensibilización de la sociedad hacia la discapacidad. A través del análisis comparado se constata que la norma de 2012, fruto de una labor de consenso entre los distintos actores implicados, introduce más tecnicismos y añade un mayor número de ejemplos y notas, proponiendo soluciones a los posibles problemas que puedan surgir, lo que facilita la labor del subtitulador. Sin lugar a duda, para poder desarrollar esa tarea de subtitulación, para poder hacer frente a ese desafío, se necesitará a unos profesionales con una formación de calidad que debe venir proporcionada por las universidades. Pero además de la formación, la investigación en el ámbito académico será una pieza fundamental para proporcionar a la sociedad estudios empíricos que contribuyan al desarrollo de las normativas. En el caso que nos ocupa, serán necesarios estudios que permitan evaluar la adecuación de los parámetros que recoge la norma de 2012». (Cuéllar, 2018, p. 61)

Asimismo, las correlaciones entre los subtituladores en formación y los profesionales expertos son considerables: los primeros pueden carecer de experiencia, ya que se ven afectados por la falta de soluciones en la identificación de personajes en pantalla, la correcta marcación de silencios y la coincidencia de subtítulos con los elementos visuales del contenido audiovisual. Por otra parte, los profesionales con experiencia dedican mayor atención a problemáticas relacionadas con el número de caracteres, la velocidad de lectura o la autoría de las canciones. Aquí es observable que los estudiantes en formación necesitan un mayor desarrollo en habilidades técnicas y prácticas; los profesionales, en cambio, sostienen que tienen más problemas específicos con respecto a la eficiencia y la coherencia en la subtitulación para personas sordas.

Independientemente de que la mayoría de los subtituladores aplicaban normativas y consignas presentes en los encargos, los estudiantes han manifestado obstáculos derivados de la falta de práctica y experiencia profesional en el campo analizado. En su totalidad, los profesionales afirman que sería necesario que las guías actuales abordasen el tema con la mayor profundidad posible de problemáticas competitivas en la vida profesional; es decir, existe la necesidad de actualizar las normas actuales. En este sentido, el estudio revela que las herramientas proporcionadas deben ser más precisas y detalladas en las normas para optimizar el proceso de subtitulación accesible.

Con estos resultados, se desprende el alcance de la investigación: es imprescindible revisar y ampliar la norma UNE 153010:2012 para encuadrar estas problemáticas. Los participantes en el estudio, tanto de la comunidad académica como de la formación y profesionales del ámbito, indican que suscita interés contar con una guía específica y más detallada que demuestre y permita mejorar la calidad y eficacia del subtitulado para personas sordas. Algunas de las mejoras propuestas se centran de manera más específica en la colocación adecuada de los efectos sonoros en pantalla para evitar interferencias con la información visual relevante, definir cómo asignar los colores de forma más clara, con ejemplos que ilustren diferentes casuísticas. Asimismo, se subraya la importancia de especificar la ubicación de la información contextual y el formato adecuado para las voces en *off*, con el fin de garantizar una experiencia de visualización más accesible e intuitiva para las personas con discapacidad auditiva.

Otra de las áreas que requieren una actualización en la normativa es la subtitulación de la música ambiental y argumental, sobre todo en lo que respecta a la repetición de sílabas, a cómo indicar la autoría correctamente y a determinar cuándo es relevante (o no) subtitular la música. La investigación señala la necesidad de estandarizar la forma en la que se presentan estos elementos en pantalla, ya que su correcta identificación contribuye a la comprensión del contenido por parte del público sordo o con pérdida auditiva. También se recomienda la elaboración de criterios específicos sobre la superposición de subtítulos en pantalla, especialmente en casos donde coincidan con rótulos o textos ya presentes en la imagen, ya que podría generar confusión en la recepción del mensaje. Además, se plantea la importancia de incluir casuísticas que indiquen cómo

70

tratar los aspectos lingüísticos en contextos bilingües, ya que la convivencia de dos lenguas puede plantear desafíos adicionales en la subtitulación.

Dicho de otro modo: se sugiere la implementación de una serie de medidas concretas para mejorar la calidad de la subtitulación para personas sordas y garantizar su aplicabilidad en diferentes contextos. Entre ellas, se propone la elaboración de mejoras a la norma UNE 153010:2012 basadas en los resultados obtenidos en el estudio, así como la creación de una guía específica adaptada a la realidad del ámbito valencianoparlante, dado que la lengua de los subtítulos también juega un papel crucial en la accesibilidad del contenido audiovisual. Además, también se recomienda la elaboración de una versión más detallada de la guía, destinada a territorios donde conviven diferentes lenguas, con el fin de ofrecer soluciones adaptadas a las particularidades lingüísticas de cada región.

En el ámbito educativo de la traducción e interpretación, los resultados de la investigación pueden tenerse en cuenta para completar la formación de futuros subtituladores para personas sordas para mejorar sus competencias y prepararlos para los desafíos que encontrarán en la práctica profesional: se sugiere que los programas de formación en traducción audiovisual incorporen ejercicios específicos que permitan a los estudiantes familiarizarse con los aspectos técnicos y lingüísticos de la subtitulación para personas sordas que pueden suponer, así como con las dificultades más comunes que pueden surgir en el ejercicio de esta labor.

A raíz de esta obra, se podría ahondar en otras líneas de investigación futuras que podrían contribuir a la mejora de la subtitulación para personas sordas. Por ejemplo, se podría replicar el experimento con un mayor número de participantes para contar con más datos representativos y afinar las conclusiones del estudio. También se podría contar con estudiantes de máster especializados en accesibilidad para comparar los resultados obtenidos en diferentes niveles de formación y evaluar su impacto en la calidad de la subtitulación. Asimismo, sería necesario un estudio de recepción para evaluar si las mejoras propuestas responden realmente a las necesidades de la comunidad sorda y si contribuyen a una mayor accesibilidad en los medios audiovisuales.

En la encuesta, tanto los participantes en formación como los profesionales muestran un gran interés en disponer de una guía más concreta y específica. En consecuencia, se podrían abordar estas problemáticas y ayudar tanto a los profesionales como a los subtituladores en formación. En primer lugar, se debería dar la opción de colocar los efectos sonoros en la posición {\an2} para evitar que interfieran con la información visual relevante e incluir más ejemplos y otras posiciones alternativas para los subtítulos —sobre todo, en casos de convergencia con rótulos en pantalla—.

Respecto a la identificación de personajes, habría que profundizar en la asignación colores y etiquetas para una identificación clara, especialmente en diálogos complejos. En los efectos sonoros, se recomienda clarificar cuándo y cómo deben incluirse mediante ejemplos prácticos. Asimismo, sería conveniente especificar la ubicación de la información contextual y el formato de las voces en off y ahondar en la necesidad (o no) de subtitular la música ambiental y argumental para evitar redundancias y ruido visual. Finalmente, se deberían proporcionar directrices más claras sobre la gestión de la superposición de subtítulos y los criterios lingüísticos en contextos con convivencia de lenguas. Estas ampliaciones contribuirían a mejorar la calidad y la eficacia de la subtitulación para personas con discapacidad auditiva.

Asimismo, se plantea la posibilidad de replicar el estudio en otros territorios catalanohablantes para observar similitudes o diferencias en los resultados, así como en otras regiones de España con lenguas minoritarias en contacto con otras lenguas. Esta misma lógica podría aplicarse a contextos internacionales con situaciones similares de bilingüismo o multilingüismo. Otra línea de trabajo relevante sería la elaboración de una guía inclusiva de subtitulación para personas sordas dirigida tanto a subtituladores noveles como a profesionales, que contemple un abanico completo de dificultades en esta modalidad y garantice criterios unificados y adecuados para todas las fases del proceso. Con dicha guía, se podría llevar a cabo un estudio experimental con receptores sordos o con pérdida auditiva para validar su calidad y con profesionales para validar su operatividad.

En resumen, la subtitulación para personas sordas, sea en la lengua que sea, debe ser una herramienta para garantizar la inclusión del colectivo sordo y la accesibilidad a los productos audiovisuales y, para ello, esta obra ha querido destacar la parte profesional, que a menudo queda olvidada en el proceso. Por esta razón, hemos buscado contar con la perspectiva de subtituladores noveles (estudiantes de la especialidad en traducción audiovisual) y de profesionales con años de experiencia en subtitulación para personas sordas. Solo así podemos aspirar a diseñar criterios unificados que ayuden a resolver las dificultades del día a día profesional.

La pretensión ha sido, es y será evidenciar la necesidad de actualizar la normativa vigente sobre subtitulación para personas sordas para proponer una serie de medidas destinadas a mejorar su aplicabilidad y eficacia en contextos multilingües. La implementación de estas mejoras no solo beneficiaría a los profesionales del sector mediante herramientas más claras y eficientes para su labor, sino que también contribuiría a garantizar un acceso más igualitario a los contenidos audiovisuales para las personas sordas o con pérdida auditiva; se promovería, así, una mayor inclusión en el ámbito de la comunicación audiovisual.

# Bibliografía

Agost, Rosa y Chaume, Frederic (Eds.) (2001). *La traducción en los medios audiovisuales.* Universitat Jaume I.

Álvarez Álvarez, María de las Nieves (2014). «Subtitulado, videosignado y audiodescripción en la España televisiva actual». *Historia y Comunicación Social*, 19, 161–172. https://acortar.link/x6rlxf

Arnáiz-Uzquiza, Verónica (2012a). *Subtitling for the Deaf and the Hard-of-hearing. Some parameters and their evaluation* [Tesis doctoral, Universitat Autònoma de Barcelona]. Tesis Doctorals en Xarxa. https://bit.ly/2PA1uEy

— (2012b). «Los parámetros que identifican el subtitulado para sordos: análisis y clasificación». *MonTi: Monografías de Traducción e Interpretación*, 4, 103–132. https://n9.cl/rtoff

— (2015). «Eye tracking in Spain». En Pablo Romero-Fresco (Ed.), *The Reception of Subtitles for the Deaf and Hard of Hearing People* (pp. 263–287). Peter Lang. https://doi.org/10.3726/978-3-0351-0888-0

Arriaga Benítez, Juan Manuel (2019). «La construcción del significado en el cine: un análisis sobre 'Macario' (1960)». *Diseminaciones*, 2(4), 143–155. https://n9.cl/l8z8j

Asociación Española de Normalización y Certificación, AENOR (2003). *Norma UNE 153010:2003 Subtitulado para personas sordas y personas con discapacidad auditiva. Subtitulado a través del teletexto.* Asociación Española de Normalización y Certificación.

Asociación Española de Normalización y Certificación AENOR (2012). *Norma UNE 153010:2012 Subtitulado para personas sordas y personas con discapacidad auditiva. Subtitulado a través del teletexto.* Asociación Española de Normalización y Certificación.

Baget Herms, Josep Maria (1994). *Història de la televisió a Catalunya.* Centro de investigación de la Comunicación de la Generalitat de Cataluña.

Balsebre, Armand (1994). *El lenguaje radiofónico.* Cátedra.

Bartoll, Eduard (2008). *Paràmetres per a una taxonomia de la subtitulació* (Tesis doctoral). Universitat Pompeu Fabra, Barcelona.

— (2010). «Marcas de oralidad en los subtítulos en catalán de la película Das Leben der Anderen». En Jenny Brumme y Gemma Andújar Moreno (Eds.), *Construir, deconstruir y reconstruir mímesis y traducción de la oralidad y la afectividad* (pp. 187–216). Frank & Timme.

— (2015). *Introducción a la traducción audiovisual.* Editorial UOC.

Bbo (2025). *Cómo no hacer un subtitulado para S/sordes* [Fotograma] LinkdIn. https://n9.cl/khvsw

Belenguer Cortés, Luz (2022). «La subtitulación en vivo y la audiodescripción en lenguas minoritarias: El caso de la televisión autonómica valenciana À Punt Mèdia». Dins María Pilar Castillo Bernal y Marta Estévez Grossi (Eds.), *Translation, Mediation and Accessibility for Linguistic Minorities* (pp. 85–100). Frank & Timme. https://goo.su/VhVzR

Belenguer Cortés, Luz (2023). «Challenges of code-switching and code-mixing in live subtitling at the Valencian TV station». *Tiro. The Journal of Professional Reporting and Transcription, 23*(7). https://n9.cl/ov93n

— (2024). «Professional Training in Valencian Live Subtitling: Navigating Diglossia and Language Variation». En Carlo Eugeni, Martin Ward y Callum Walker (Eds.), *Teaching Interpreting and Live Subtiling: Contexts, Modes and Technologies* (pp. 169–181). Routledge. https://doi.org/10.4324/9781003440994

— (2025a). *La pràctica de la subtitulació per a persones sordes: una mirada des de la professió* (Tesis doctoral). Universitat Jaume I, Castellón.

— (en prensa). «La SPS en directo en televisión y los códigos de significación: hacia una accesibilidad lingüística integral». En Piotr Sorbet y Sorbet del Valle Cacela (Eds.), *Retos traductológicos del hispanismo*. Peter Lang.

— (2025b). «The quality of intralingual live subtitling in minority languages: an approximation to professional methodologies». En María-José Varela Salinas, Cristina Plaza Lara y Iulia Mihalache (Eds.) *Aproximaciones teóricas y prácticas a la accesibilidad desde la traducción y la interpretación* (pp. 131-140). Comares.

Bell, Allan (1984). «Language style as audience design». *Language in society, 13*(2), 145–204.

— (2001). «Back in style: Reworking audience design». En Penelope Eckert y John Rickford (Eds.), *Style and Sociolinguistic Variation* (pp. 139–169). Cambridge University Press.

Beltran Calvo, Vicent y Segura-Llopes, Carles (2022). *Els parlars valencians*. Publicacions de la Universitat de València.

Bibiloni, Gabriel (2007). «L'ús de la llengua catalana a IB3 Televisió». *Coneixements, Usos i Representacions Socials de la Llengua Catalana, 1*, 1–8.

Blas Arroyo, José Luis (1993). *La interferencia lingüística en Valencia: dirección, catalán [a] castellano: estudio sociolingüístico*. Publicacions de la Universitat Jaume I.

Bolaños-García-Escribano, Alejandro (2017). «La variación lingüística en subtitulación: el caso de las restricciones en *Los amores imaginarios* de Xavier Dolan». *Entreculturas, 9*, 221–237. https://goo.su/ytzd90

Bolaños-García-Escribano, Alejandro; Díaz-Cintas, Jorge y Massidda, Serenella (2021). «Subtitlers on the Cloud: The Use of Professional Web-based Systems in Subtitling Practice and Training». *Tradumàtica, 19*, 1–21. https://goo.su/zlzPYm

British Broadcasting Corporation, BBC (2019). *BBC subtitle guidelines*. The British Broadcasting Corporation. BBC Subtitle Guidelines

Calafat Vila, Rosa (2020). «El centre i la perifèria de la llengua catalana als llibres d'estil: Catalunya i les Illes Balears». *Revista de llengua i dret, Journal of Language and Law, 73*, 69–81. https://n9.cl/vw0vr1

Caldera Serrano, Jorge (2017). «La "escaleta" como base de la gestión documental para noticiarios televisivos». *Cuadernos de Documentación Multimedia, 28*(1), 26–37. https://goo.su/UCfak

Cambra, Cristina; Silvestre, Núria y Leal, Aurora (2009). «Análisis de la comprensión por parte del alumnado sordo de los documentos televisivos subtitulados y criterios de mejora». *Quaderns del CAC*, 155–159.

Canadian Association of Broadcasters, CAB (2012). *Closed Captioning Standards and Protocol for Canadian English Language Television Programming Services*. https://n9.cl/iqbyuo

Carroll, Mary y Ivarsson, Jan (1998). *Code of Good Subtitling Practice. European Association for Studies in Screen Translation*. https://n9.cl/2cua9

Casanova, Emili (2009). «Características lingüístiques del "català matisadament valencià" de Joan Francesc Mira». En Josep Massot i Muntaner y Joaquim Molas i Batllori (Eds.), *Miscel·lània Joaquim Molas, 4. Estudis de llengua i literatura catalanes* (pp. 199–226). Abadia de Montserrat.

CASTRO-ROIG, Xosé (2001). «El traductor de películas». En Miguel Duro Moreno (Ed.), *La traducción para el doblaje y la subtitulación* (pp. 267–298). Cátedra.

CASTRO ROBAINA, Israel y GARCÍA DOMÍNGUEZ, María Jesús (2022). «La necesidad de formación reglada en Lectura Fácil. Una propuesta de asignatura para posgrado de Traducción e Interpretación». *El Guiniguada, 31*, 149–163. https://goo.su/JPjrkOh

CHAUME, Frederic (2001). «La pretendida oralidad de los textos audiovisuales y sus implicaciones en la traducción». En Frederic Chaume y Rosa Agost (Eds.), *La traducción en los medios audiovisuales* (pp. 77–88). Publicacions de la Universitat Jaume I.

— (2004). *Cine y traducción*. Cátedra.

— (2020). *Audiovisual translation: dubbing.* Routledge.

CHION, Michel (2004). *La voz en el cine.* Anaya.

CHUANG, Ying-Ting (2006). «Studying subtitle translation from a multimodal approach». *Babel, 52*(4), 372–383. https://doi.org/10.1075/babel.52.4.06chu

CIVERA, Clara y ORERO, Pilar (2010). «Introducing icons in subtitles for the deaf and hard of hearing: Optimising reception». En Anna Matamala y Pilar Orero (Eds.), *Listening to subtitles. Subtitles for the deaf and hard of hearing* (pp. 149–162). Peter Lang.

Comité Español de Representantes de Personas con Discapacidad, CERMI (2023, 24 de julio). *CERMI confía en que las nuevas Cortes culminen con rapidez la reforma del artículo 49 de la Constitución.* https://goo.su/svll1

— (2017). *Informe de la investigación relacionada con España bajo el artículo 6 del Protocolo Facultativo.* Organización de las Naciones Unidas.

Corporació Valenciana de Mitjans de Comunicació, CVMC (2017). Llibre d'Estil de la Corporació Valenciana de Mitjans de Comunicació. https://goo.su/RYtmdnT

— (2021). Llibre d'Estil de la Corporació Valenciana de Mitjans de Comunicació. https://goo.su/zUQ0CVU

Corporació Audiovisual de la Comunitat Valenciana S. A., CACVSA (2025). *Llibre d'estil Corporació Audiovisual de la Comunitat Valenciana S. A., CACVSA*.https://n9.cl/h452wr

COSTA-CARRERAS, Joan (2020). «La relació entres els dialectes i l'estàndard en català: Una visió des de l'equitat». En Emili Boix-Fuster y Maria Pilar Perea Sabater (Eds.), *Llengua i dialectes: Esperances per al català, el gallec i el basc* (pp. 75–102). Universitat de Barcelona.

CUCÓ, Alfons (1977). «Actituds polítiques i lingüístiques al País Valencià contemporani». *Treballs de sociolingüística catalana,* 67–80. https://goo.su/E5J7YV

CUÉLLAR, Carmen (2016). «El subtitulado para sordos en España y Alemania: estudio comparado de los marcos normativos y la formación universitaria». *Revista Española de Discapacidad, 4*(2), 143–162. https://goo.su/vJmP2

— (2018). «Traducción accesible: avances de la norma española de subtitulado para sordos UNE 153010: 2012». *Ibero-Americana Pragensia, 46*(1), 51–65. https://goo.su/16P5fH

DANAN, Martine (1992). «Reversed subtitling and dual coding theory: New directions for foreign language instruction». *Language learning, 42*(4), 497–527.

DE HIGES ANDINO, Irene (2016). *Subtítols superposats en SPS.* Universitat Jaume I.

DE HIGES ANDINO, Irene y CEREZO MERCHÁN, Beatriz (2018). «Using evaluation criteria and rubrics as learning tools in subtitling for the D/deaf and the hard of hearing». *The Interpreter and Translator Trainer, 12*(1), 68–88. https://surl.li/njclin

DE LINDE, Zoe y KAY, Neil (2016). *The semiotics of subtitling.* Routledge. https://surl.li/oyajmw

DE LOS REYES LOZANO, Julio (2015). *La traducción del cine para niños. Un estudio sobre recepción* [Tesis doctoral, Universitat Jaume I]. Tesis doctorals en Xarxa. https://surl.li/aqryll

DÍAZ CINTAS, Jorge (1997). *La traducción audiovisual: el subtitulado.* Almar.

— (2003). *Teoría y práctica de la subtitulación: inglés – español.* Ariel.

Díaz Cintas, Jorge (2005). «Audiovisual Translation Today. A Question of Accessibility for All». *Translating Today*, 4, 3–5.

— (2008, 10 de mayo). «La accesibilidad a los medios de comunicación audiovisual a través del subtitulado y de la audiodescripción». *Actas del IV Congreso El español, lengua de traducción para la cooperación y el diálogo* [Comunicación de congreso]. Universidad de Castilla la Mancha, Toledo, España.

— (2012). «Los subtítulos y la subtitulación en la clase de lengua extranjera». *Abehache: Revista da Associação Brasileira de Hispanistas, 2*(3), 95–114. https://acortar.link/qVhWTP

Díaz Cintas, Jorge y Remael, Aline (2020). *Subtitling: Concepts and practices*. Routledge. https://doi.org/10.4324/9781315674278

Dols Salas, Nicolau (2020). «El concepte d'integritat lingüística i la competència comunicativa. El contínuum dialecte/estàndard a Mallorca». En Hans-Ingo Radatz (Ed.), *Canvi lingüístic, estandardització i identitat en català* (pp. 2–23). John Benjamins. https://doi.org/10.1075/ivitra.27.01dol

— (2021). «Who Rules the Language?: Codifying Orality in a Dispersed Community». En Antonio Cortijo Ocaña y Vicent Martines Peres (Eds.), *History of Catalonia and Its Implications for Contemporary Nationalism and Cultural Conflict* (pp. 191–213). IGI Global Publishers. https://n9.cl/0e15r

Domínguez, Ana-Belén; Carrillo, María-Soledad; Pérez, María del Mar y Alegría, Jesús (2014). «Analysis of reading strategies in deaf adults as a function of their language and metaphonological skills». *Research in developmental disabilities, 35*(7), 1439–1456. https://doi.org/10.1016/j.ridd.2014.03.039

D'Ydewalle, Géry; Van Rensbergen, Johan y Pollet, Joris (1987). «Reading a message when the same message is available auditorily in another language: The case of subtitling». En John Kevin O'Regan y Ariane Lévy–Schoen (Eds.), *Eye movements from physiology to cognition* (pp. 313–321). Elsevier. https://acortar.link/LNqVXM

D'Ydewalle, Géry; Praet, Caroline; Verfaillie, Karl y Van Rensbergen, Johan (1991). «Watching subtitled television: Automatic reading behavior». *Communication research, 18*(5), 650–666. https://acortar.link/Ond3dZ

Elliott, Kamilla (2003). «Cinematic Dickens and uncinematic words». En John Glavin (Ed.), *Dickens on screen* (pp. 113–120). Cambridge University Press.

Eugeni, Carlo (2008). «Respeaking the TV for the Deaf: For a real special needs-oriented subtitling». *Studies in English Language and Literature, 21*, 37–47. https://acortar.link/WXjfCx

Eugeni, Carlo y Gambier, Yves (2023). *La traduction intralinguistique : les défis de la diamésie*. Editura Politehnica.

Evin, Diego Alexis (2011). *Incorporación de información suprasegmental en el proceso de reconocimiento automático del habla* [tesis doctoral, Universidad de Buenos Aires]. Biblioteca Central Dr. Luis Federico Leloir. https://acortar.link/gRU0SJ

Figueroa, Verónica y Lissi, María Rosa (2005). «La lectura en personas sordas: consideraciones sobre el rol del procesamiento fonológico y la utilización del lenguaje de señas». *Estudios 300 pedagógicos (Valdivia), 31*(2), 105–119. https://acortar.link/FJxKOn

Font Bisier, Miguel Ángel (2023). *Cine inclusivo: contexto, metodología y praxis* [Tesis doctoral, Universitat Jaume I]. Tesis en Xarxa. https://acortar.link/J853ae

— (2024). *De lo accesible a lo inclusivo, una mirada a través del cine*. Publicacions de la Universitat de València (PUV).

Forum for Billedmedieoversættere, FBO (2019). *Guidelines for Subtitling in Denmark, version 1, January 2019*. https://n9.cl/l2zld

Fresno, Nazaret y Sepielak, Katarzyna (2020). «Subtitling speed in Media Accessibility research: some methodological considerations». *Perspectives, 30*(3), 415–431. https://doi.org/10.1080/0907676X.2020.1761841

Fundación Ramon Llull (2025, 17 de agosto). *Institut Ramon Llull*. https://acortar.link/EvFruj

Fuster, Joan (1962). *El País Valenciano*. Destino.

Galán Cubillo, Esteban y Fernández Fernández, Cesáreo (2011). «La escenografía virtual en la retransmisión de grandes eventos». *Revista latina de comunicación social*, (66), 63–78.

GARAU BORRÀS, Pere (2023, 5 de octubre). *La variació lingüística en la subtitulació* [Webinar]. GALMIC, Jornades i Seminaris de Qualitat Lingüística. Universidad de las Islas Baleares, Islas Baleares. https://acortar.link/7Cwwi2

GARCÍA DE TORO, Cristina (2014). «Traducir literatura para niños: de la teoría a la práctica». *Trans, 18*, 123–137. https://acortar.link/pjFZ5H

GARCÍA MUÑOZ, Óscar (2014). *Lectura Fácil. Colección Guías prácticas de orientaciones para la inclusión educativa.* Ministerio de Educación, Cultura y Deporte.

GAUDREAULT, André y JOST, François (1995). *El relato cinematográfico.* Paidós.

GÓMEZ MARTÍNEZ, Pablo (2013). «Los subtítulos como voz interna. El ojo que piensa». *Revista de cine iberoamericano, 7.* https://acortar.link/wxw44a

GONZÁLEZ-IGLESIAS GONZÁLEZ, Juan David (2012). *Desarrollo de una herramienta de análisis de los parámetros técnicos de los subtítulos y estudio diacrónico de series estadounidenses de televisión en DVD* (Tesis doctoral). Universidad de Salamanca, Salamanca.

GOTTLIEB, Henrik (1997). *Subtitles, Translation and Idioms* (Tesis doctoral). Universidad de Copenhague, Copenhague.

GUTIÉRREZ GARCÍA, María y PERONA PÁEZ, Juan José (2005). *Teoría y técnica del lenguaje radiofónico.* Bosch.

GRAS FERRER, Victòria (2006). *La comunidad sorda como comunidad lingüística: Panorama sociolingüístico de la/s lengua/s de signos en España* [Tesis doctoral, Universitat de Barcelona]. Tesis Doctorals en Xarxa. http://hdl.handle.net/10803/670341

Instituto Nacional de Estadística, INE (2020). *Encuesta sobre Discapacidad, Autonomía personal y situaciones de Dependencia, 2020 (EDAD).* Ministerio de Sanidad y Política Social.

International Organisation of Standardisation y International Electrotechnical Comission, ISO/IEC (2018). *International standard ISO/IEC FDIS 20071-23. Information technology – User interface component accessibility – Part 23: Visual presentation of audio information (including captions and subtitles).* https://www.iso.org/standard/70722.html

IVARSSON, Jan (1992). *Subtitling for the media: A Handbook of an Art.* Transedit.

IVARSSON, Jan y CARROLL, Mary (1998). *Subtitling.* TransEdit.

IZARD, Natàlia (2001). «Doblaje y subtitulación: una aproximación històrica». En Miguel Duro Moreno (Ed.), *La traducción para el doblaje y la subtitulación* (pp. 189–208). Cátedra.

JENSEN, Gunilla; IWARSSON, Susanne y STÅHL, Agneta (2002). «Theoretical understanding and methodological challenges in accessibility assessments, focusing the environmental component: an example from travel chains in urban public bus transport». *Disability and rehabilitation, 24*(5), 231–242. https://doi.org/10.1080/0963828011007022-1

JIMÉNEZ CARRA, Nieves (2016). «De Argentina a España: la adaptación de la variación lingüística en el subtitulado intralingüístico de *El secreto de sus ojos*». *JoSTrans, Journal of Specialised Translation, 26*, 211–231. https://jostrans.soap2.ch/issue26/art_jimenez.php

KARAMITROGLOU, Fotios (1998). «A Proposed Set of Subtitling Standards in Europe». *Translation Journal 2*(2), 1–15. https://acortar.link/AkJ8Ij

KOOLSTRA, Cees; VAN DER VOORT, Tom y D'YDEWALLE, Géry (1999). «Lengthening the presentation time of subtitles on television: Effects on children's reading time and recognition». *Educational Technology Research and Development, 47*, 51–60. https://doi.org/10.1515/comm.1999.24.4.407

KRUGER, Jan-Louis y STEYN, Faans (2014). «Subtitles and eye tracking: Reading and performance». *Reading Research Quarterly, 49*(1), 105–120. https://doi.org/10.1002/rrq.59

LAMBERT, Wallace (1981). «Un experimento canadiense sobre desarrollo de competencia bilingüe: programa de cambio de lengua hogar-escuela». *Revista de Educación, 268*, 167–177.

Ley 7/1984, de 4 de julio, de creación de la entidad pública Radiotelevisió Valenciana (RTVV) i regulación de los servicios de radiodifusión y televisión de la Generalitat Valenciana. *Diari Oficial de la Generalitat*

*Valenciana, 176*, de 9 de julio de 1984, pp. 1.585 a 1.596. https://acortar.link/wqnjma

Ley 7/2010, de 31 de marzo, General de la Comunicación Audiovisual (2010). *Boletín Oficial del Estado, 79*, de 1 de abril de 2010, pp. 2.010 a 5.292. https://acortar.link/syZ6Q5

Ley 12/2015, de 29 de diciembre, para la recuperación del servicio público de radiodifusión y televisión de ámbito autonómico, de titularidad de la Generalitat. *Diario Oficial de la Generalitat Valenciana, 7689*, de 3 de diciembre de 2015, pp. 33.522 a 33.527. https://acortar.link/EFnLoK

Ley 6/2016, de 15 de julio, de la Generalitat, del Servicio Público de Radiodifusión y Televisión de Ámbit Autonómico, de titularidad de la Generalitat. *Diario Oficial de la Generalitat Valenciana, 7831*, de 19 de julio de 2016, pp. 20.241 a 20.271. https://acortar.link/v12WhD

Ley 2/2024, de 27 de junio, de la Generalitat, de la Corporació Audiovisual de la Comunitat Valenciana. *Diario Oficial de la Generalitat Valenciana, 9880*, de 28 de junio de 2024, pp. 32.715 a 32.729. https://acortar.link/aXwzOq

Lieu, Judith (2015). «Management of children with unilateral hearing loss». *Otolaryngologic Clinics of North America, 48*(6), 1011–1026. https://doi.org/10.1016/j.otc.2015.07.006

Liu, Dayan (2014). «On the Classification of Subtitling». *Journal of Language Teaching & Research, 5*(5), 1103–1109. https://doi.org/10.4304/jltr.5.5.1103-1109

López Rubio, María y Martín Sansaloni, Valentí (2021). «Media Accessibility Services at the Valencian regional TV Station À Punt. A Professional Overview». En Laura Mejías Climent y José Fernando Carrero Martín (Eds.), *New Perspectives in Audiovisual Translation. Towards Future Research Trends* (pp. 167–184). Universitat de València.

López Yepes, Alfonso y Cámara Bados, Víctor (2008). «Documentación cinematográfica en línea y en diferido: canal web TVDoc». *Cuadernos de documentación multimedia*, 19. http://multidoc.rediris.es/cdm

Lorenzo, Lourdes (2010). «Subtitling for the deaf and hard of hearing children in Spain: a case study». En Anna Matamala y Pilar Orero (Eds.), *Listening to Subtitles. Subtitles for the Deaf and Hard of Hearing* (pp. 115–138). Peter Lang.

Lorenzo, Lourdes y Pereira-Rodríguez, Ana (2011). «Deaf children and their access to audiovisual texts: Educational failure and the helplessness of the subtitler». En Elena Di Giovanni (Ed.), *Between Text and Receiver: Translation and Accessibility* (pp. 185–202). Peter Lang.

Martí Ferriol, José Luis (2012). «Nueva aproximación al cálculo de velocidades de lectura de subtítulos». *TRANS: Revista De Traductología*, (16), 39–48. https://doi.org/10.24310/TRANS.2012.v0i16.3210

— (2023). «Legibilidad de un texto escrito y velocidad de lectura en subtitulación interlingüística: propuesta metodológica de análisis relacional». *Quaderns. Revista de traducció*, (30), 179–192. https://doi.org/10.5565/rev/quaderns.108

Martínez-Lorenzo, Mercedes (2021a). *Media Accessibility in Galicia (n): Guidelines for Inclusive Subtitling*. [Tesis doctoral, Universidade de Vigo]. Investigo. Repositorio Institucional de la Universidade de Vigo. http://hdl.handle.net/11093/2548

— (2021b). *Guía de subtitulado inclusivo en galego*. Área de Normalización Lingüística, Servizo de Publicacións UVigo.

Martínez Sierra, Juan José (2009). «Doblar o subtitular el humor. Esa no es la cuestión». *Jostrans*, 12, 180–198. https://acortar.link/GWMpHQ

Matamala, Anna (2019). *Accessibilitat i traducció audiovisual*. Eumo.

Mayoral Asensio, Roberto (2001). «El espectador y la traducción audiovisual». En Frederic Chaume y Rosa Agost (Eds.), *La traducción en los medios audiovisuales* (pp. 33–46). Publicacions de la Universitat Jaume I.

Membrado, Joan Carles (2015). «El lenguaje cartográfico en los mapas temáticos». *Estudios Geográficos, 76*(278), 177–201. https://doi.org/10.3989/estgeogr.201506

Ministerio de Derechos Sociales y Agenda 2030 (2022). *Estrategia española sobre discapacidad 2022-2030 para el acceso, goce y disfrute de los derechos humanos de las personas con discapacidad*.

MOLINA, Santiago y VIVED, Elías (2012). *Lectura fácil y comprensión lectora en personas con discapacidad intelectual*. Prensas de la Universidad de Zaragoza.

MOLLÀ, Toni (2007). «El model lingüístic oral. El cas de Canal 9 o el nivell (lingüístic) desnivellat». *Quaderns del CAC, 10*(28), 13–19. https://acortar.link/YARtxw

— (2015). «La llengua catalana del present al futur. País Valencià». *Diversia, 7*, 156–178. https://acortar.link/4qlFZF

Naciones Unidas (2006). *Convención sobre los Derechos de las Personas con Discapacidad y Protocolo Facultativo*. https://n9.cl/ulbqk

NEVES, Josélia (2005). *Audiovisual Translation: Subtitling for the Deaf and Hard-of-Hearing* [Tesis doctoral, Universidad de Roehampton]. Roehampton Research Papers. https://bit.ly/2TFIDaH

— (2008). «10 fallacies about Subtitling for the d/Deaf and the hard of hearing». *JoSTrans, 10,* 128–143. https://n9.cl/r54kf

— (2018). «Subtitling for deaf and hard of hearing audiences: moving forward». En Luis Pérez-González (Ed.*), The Routledge Handbook of Audiovisual Translation* (pp. 82–95). Routledge. https://acortar.link/o358vk

NIKOLIĆ, Kristijan (2018). «Reception studies in audiovisual translation-interlingual subtitling». En Elena Di Giovanni y Yves Gambier (Eds.), *Reception studies in audiovisual translation* (pp. 179–198). John Benjamins. https://doi.org/10.1075/btl.141

— (2021). «Quality Control of Subtitles: A Study of Subtitlers, Proofreaders, Quality Controllers, LSPs and Broadcasters/Streaming Services». *Journal of Audiovisual Translation, 4*(3), 66–88. https://doi.org/10.47476/jat.v4i3.2021.182

OBACH, Xavier (2008). *La televisión: estructura, géneros y programación*. CRIF Las Acacias.

Observatorio Estatal de la Discapacidad (2023, 16 de mayo). *Plan de acción de la Estrategia Española sobre Discapacidad 2014-2020. Informe sobre Evaluación final del Plan de Acción 2014-2020 de la Estrategia Española sobre la Discapacidad*.

ORERO, Pilar (2006). «Algunas consideraciones sobre la audiodescripción comercial en España». En Ricardo Perez-Amat García y Álvaro Pérez-Ugena y Coromina (Eds.), *Algunas consideraciones sobre la audiodescripción comercial. Sociedad, integración y televisión en España* [pp. 277–292]. Laberinto.

ORERO, Pilar; PEREIRA, Ana María y UTRAY, Francisco (2007). «Visión histórica de la accesibilidad en los medios en España». *TRANS. Revista de Traductología, 0*(11), 31–43. https://acortar.link/ent43Y

PAYRATÓ, Lluís (1988). *Català col·loquial. Aspectes d'ús corrent de la llengua catalana*. Universitat de València.

PEDERSEN, Jan (2011). *Subtitling norms for television*. John Benjamins. https://n9.cl/8bi2y

— (2017). «The FAR model: assessing quality in interlingual subtitling». *Jostrans, 28*, 210–229. https://acortar.link/ceXQ2N

PEREGO, Elisa (2009). «The codification of nonverbal information in subtitled texts». En Jorge Díaz-Cintas (Ed.), *New trends in audiovisual translation. Multilingual Matters* (pp. 58–69). https://acortar.link/NziQQm

PÉREZ SENRA, Belén (2019). «La interpretación judicial en lengua de signos: una cuestión de rol. La percepción de las intérpretes de lengua de signos de la Comunidad Valenciana de su rol ante el tribunal». *Revista de Llengua i Dret, Journal of Language and Law, 71*, 73–87. https://n9.cl/04exn7

PÉRIER, Olivier y DE TEMMERMAN, Paul (1987). «The child with defective hearing. Medical, educational, sociological and psychological aspects». *Acta oto-rhino-laryngologica Belgica, 41*(2), 129–420. https://acortar.link/iooVCd

QUER, Josep (2006). «Del naixement i (su)pervivència de les llengües de signes». Dins Germà Colón i Doménech i Lluís Gimeno Betí (Eds.), *Ecologia lingüística i desaparició de llengües* (pp. 93–104). Fundació Germà Colón, Universitat Jaume I.

RAJENDRAN, Dhevi; DUCHOWSKI, Andrew; ORERO, Pilar; MARTÍNEZ, Juan y ROMERO-FRESCO, Pablo (2013). «Effects of text chunking on subtitling: A quantitative and qualitative examination». *Perspectives, 21*(1), 5–21. https://doi.org/10.1080/0907676x.2012.722651

Ramírez Camacho, Rafael y García Berrocal, José Ramón (2008). «Ototoxicidad por Cisplatino: bases moleculares para un futuro tratamiento de la sordera del oído interno». *FIAPAS: Confederación Española de Familias de Personas Sordas, 123*, 1–12.

Ramos Pinto, Sara (2017). «Film, dialects and subtitles: an analytical framework for the study of non-standard varieties in subtitling». *The Translator, 24*(1), 17–34. https://acortar.link/tohTiy

Remael, Aline (2012). «Media accessibility». En Yves Gambier i Luc van Doorslaer (Eds.), *Handbook of translation studies* (pp. 95–101). John Benjamins.

Reverter Oliver, Beatriz (2023). *Enseñanza de idiomas e inclusión: La discapacidad sensorial en el aula.* Publicacions de la Universitat de València (PUV).

Reverter Oliver, Beatriz; Martínez Sierra, Juan José; González Pastor, Diana María y Carrero Martín, José Fernando (2021). *Modalidades de traducción audiovisual: completando el espectro.* Comares.

Rodríguez González, María Ángeles (2003). *Lenguaje de signos.* Biblioteca Virtual Miguel de Cervantes.

Romero-Fresco, Pablo (2011). *Subtitling through speech recognition: Respeaking.* St Jerome.

— (2015). *The reception of subtitles for the deaf and hard of hearing in Europe.* Peter Lang. https://doi.org/10.3726/978-3-0351-0888-0

Romero-Muñoz, Alejandro (2025). «The audio description script through the lens of multimodality. A qualitative and quantitative analysis of the meaning codes in Elite». *Parallèles, 37*, 1-15. https://acortar.link/1W6v5U

Rovira-Esteva, Sara y Tor-Carroggio, Irene (2018). *Serveis d'accessibilitat sensorial a les televisions catalanes: situació actual, necessitats i propostes de futur. Informe final.* Bellaterra: Departament de Traducció, Interpretació i Estudis de l'Àsia Oriental, Universitat Autònoma de Barcelona.

Sánchez Avendaño, Carlos (2009). «Situación sociolingüística de las lenguas minoritarias de Costa Rica y censos nacionales de población 1927–2000: Vitalidad, desplazamiento y autoafiliación etnolingüística». *Revista de Filología y Lingüística, 35*(2), 233–273. https://doi.org/10.15517/rfl.v35i2.1174

Serrat Roozen, Iris (2020). «Accesibilidad audiovisual en la web: subtitulación en el Parlamento Europeo». *MonTI. Monografías de Traducción e Interpretación*, (12), 313–344. https://doi.org/10.6035/MonTI.2020.12.11

Sponholz, Christine (2003). *Teaching Audiovisual Translation. Theoretical Aspects, Market Requirements, University Training and Curriculum Development.* [Trabajo de fin de máster]. Johannes Gutenberg-Universität Mainz.

Souto Rico, Mónica (2021). *Estudio de la velocidad de los subtítulos para sordos en España y sus consecuencias normativas.* [Tesis doctoral, Universidad Carlos III de Madrid]. UC3M. https://acortar.link/kwDil1

Szarkowska, Agnieszka (2013). «Towards interlingual subtitling for the deaf and the hard of hearing». *Perspectives 21*(1), 68–81. https://doi.org/10.1080/0907676X.2012.722650.

Szarkowska, Agnieszka y Jankowska, Anna (2024). *Introducing Audiovisual Translation.* Routledge. DOI: 10.4324/ 9781003038122

Talaván, Noa (2013). *La subtitulación en el aprendizaje de lenguas extranjeras.* Octaedro.

Tamayo Masero, Ana (2015). *Estudio descriptivo y experimental de la subtitulación en TV para niños sordos. Una propuesta alternativa.* [Tesis doctoral, Universitat Jaume I]. Tesis doctorals de la Xarxa. https://acortar.link/AXOd3E

Tamayo, Ana y Chaume, Frederic (2016). «Los códigos de significación del texto audiovisual: implicaciones en la traducción para el doblaje, la subtitulación y la accesibilidad». *Revista Linguae - Revista de la Sociedad Española de Lenguas Modernas*, (3), 301–335. https://addi.ehu.es/handle/10810/41144

Taylor, Molly L. (2022). «La Diversidad Lingüística Durante y Después del Franquismo en España». *The Review: A Journal of Undergraduate Student Research, 23*(1), 1–12. https://fisherpub.sjf.edu/ur/vol23/iss1/9

Torralba Miralles, Gloria; Tamayo Masero, Ana; Mejías-Climent, Laura; Martínez Sierra, Juan José; Martí Ferriol, José Luis; Granell, Ximo; De los Reyes Lozano, Julio; De Higes Andino,

Irene; CHAUME, Frederic y CEREZO MERCHÁN, Beatriz (2019). *La traducción para la subtitulación en España. Mapa de convenciones.* Publicacions de la Universitat Jaume I.

TSAOUSI, Aikaterini (2015). «Making sound accessible: The labelling of sound effects in subtitling for the deaf and hard-of-hearing». *Hermeneus: Revista de la Facultad de Traducción e Interpretación de Soria*, (17), 233–252.

— (2018). «El disfrute de la experiencia audiovisual por personas sordas y con diversidad auditiva: la representación visual de los efectos sonoros». *Anuario Electrónico de Estudios en Comunicación Social "Disertaciones", 11*(1), 110–126. https://n9.cl/rx12b

VARELA-NIETO, Isabel y LASSALETTA, Luis (2012). *La sordera.* Libros de la Catarata.

VARGA, Cristina (2018). «Características formales de la subtitulación para la televisión en Rumanía». *Quaestiones Romanicae*, 507–520.

— (2021). «Tiempo y temporalidad en la traducción audiovisual». *RIELMA, 14*, 63–77.

VILA I MORENO, Francesc Xavier; CASSEL, Sarah; BUSQUET ISART, Núria; CALLEJÓN I MATEU, Joan-Pau; MERCADALL MOLL, Toni y SOLER CARBONELL, Josep (2007). «Sense accents? Les contradiccions de l'estàndard oral en els doblatges catalans de pel·lícules d'animació». *Revista de Llengua i Dret, 47*, 387–413.

WALKER, Callum (2022). *Translation project management.* Routledge.

ZÁRATE, Soledad (2021). *Captioning and Subtitling for d/Deaf and Hard of Hearing Audiences.* UCL Press. https://doi.org/10.14324/111.9781787357105

# Filmografía

ABENZA, Alberto; SANZ, Sergi; ALBERT, Berta (Director y Producción executiva) y M. MARTÍNEZ, Jorge (Director). (2018-2024). *La Colla* [Programa infantil]. Homo Videns Productions; À Punt.

ABUJA, Javier; RIUS, Maria (Producció executiva) y GÁLVEZ, Rául (Director). (2020-2023). *TàP Zàping* [Programa de no-ficción]. Creaconcepto; À Punt.

ALAPONT, Raquel (Directora). (2021–presente). *Zoom* [programa de no ficción]. Unscripted, Secuoya Studios; À Punt.

CAMPOS, Ramón y ESCOBAR, Sara (Directores). (2014-2016). *Velvet* [Serie de ficción]. Bambú Producciones.

FERNÁNDEZ, Alberto; PUMAROLA, Santiago y PARICIO BURTIN, David (Directores). (2007-2025). *L'Alqueria Blanca* [Serie de ficción]. Canal nou; À Punt; Trivisión.

FRANDSEN, Michael Bille (Productor); LUNDBLAD, Hanna y THORSBOE, Stig (Directores). (2013-2023). *Hotel voramar* [Serie de ficción]. TV2; À Punt.

HAMRELL, Harald; ZACKRISSON, Anna; ÖSTLUND, Andrea y HARTLEB, Molly (Directors). (2017-2019). *El restaurant* [Serie de ficción]. SVT, Film I Väst, Jarowskij AB, Viaplay.

SIURANA, José Luis (Director). (2022-presente). *Crims perfectes* [Serie de ficción]. El garatge del so; À Punt.

# Anexo I
## Materiales utilizados para el análisis

## TRANSCRIPCIÓN E INSTRUCCIONES DEL FRAGMENTO DE *TÀP ZÀPING* (TCR: 00:03:29 – 00:05:07)

La cadena de televisión À Punt está considerando subtitular el programa *Tàp Zàping*, que se emite los viernes por la noche. La empresa de TAV para la que trabajas te ha encargado la subtitulación de un fragmento del capítulo 89, Gorka Otxoa i Premis Feroz, de casi dos minutos de duración. El vídeo incluye frases en español y valenciano, por lo que deberás respetar la lengua vehicular, aunque el valenciano sea la lengua principal de la cadena de televisión. El programa incluye personajes descontextualizados, un presentador, titubeos y una canción. Debes decidir qué hacer al respecto.

VICTÒRIA MASO: Van ser dos dels guanyadors junt amb la cantant Chanel i el grup…

DONA JOVE: Espera, espera.

VICTÒRIA MASO: Tan…

EDMUNDO BAL: Por ahí, no.

VICTÒRIA MASO: Tanxugueiras. Disculpen, costa de dir el nom.

HOME JOVE: Pobre, és que és difícil.

REPORTERA: Diuen que la catalana Rigoberta i també les gallegues Xangu…

ROSELLA ESPINÓS: Jo ho intentaré.

REPORTERA: «Xangugueiras».

HOME: Horroroso.

XAVIER ALIAGA: L'altra era un altre tema. Turtún…

EDMUNDO BAL: Que por ahí, no. Que por ahí, no.

XAVIER ALIAGA: No me'n recorde.

JOAN ESPINOSA: Tanxugueiras.

PERE AZNAR: Molt bé, ara sí.

PABLO CASADO: Yo les diría a los ministros de Podemos que hoy han hecho unas declaraciones un tanto… pasados de vueltas.

IRENE MONTERO: ¿Por qué les dan tanto miedo nuestras tetas?

PABLO CASADO: Eh, bueno… Dicen que es una canción, pero hablando de… Hablando de…

CAROLINA FERRE: Mamella.

PABLO CASADO: Hablando de…

HOME II: Ay, las tetas, tetitas…

PABLO CASADO: …Del cuerpo de las mujeres.

CAROL TOMÀS: Oi…

HOME MAJOR: La mamella és mamella.

«Por tantas mamá, mamá, mamá, mamá, mamá, mamá, mamá, mamá, mamá, mamá, mamá, mamá, mamá. No sé por qué dan tanto miedo nuestras tetas. Sin ellas no habría humanidad ni habría belleza. Escúchame. Mamá, mamá, mamá» [Canción *Ay, mamá*, de Rigoberta Bandini].

LLUÍS CASCANT: Ens trobem a la plaça del Pilar, a Saragossa. Hui la ciutat acull una nova edició dels Premis Feroç, que vindrien a ser com una còpia dels Goya, que a la seua vegada són una còpia dels Oscar, que a la seua vegada són una còpia dels nostres Premis Berlanga.

# TRANSCRIPCIÓN E INSTRUCCIONES DEL FRAGMENTO DE *LA MORT DE GUILLEM* (TCR: 00:09:00 – 00:16:00)

La cadena de televisión À Punt quiere subtitular la película *La mort de Guillem*, que se emitirá el sábado por la noche. La empresa de TAV para la que trabajas te ha encargado la subtitulación del filme y desea que le entregues de antemano un fragmento subtitulado de la película. Debes subtitular el fragmento al completo.

El cliente espera que se siga la norma UNE, aunque su libro de estilo marca las siguientes preferencias:

- Quiere que se subtitule todo, pero sí quiere tiempo para poder leerlo bien.
- En música y canciones quiere saber el título de la obra y el autor, además de la letra.
- Por limitaciones técnicas, prefiere que los efectos sonoros vayan en posición y limitar a 36 los caracteres por línea.
- Quiere marcar los silencios cuando las pausas sean demasiado largas.
- Respecto al nivel de lengua estándar, el cliente quiere que se respeten las decisiones lingüísticas tomadas por los hablantes. En todo caso, si se decide mantener o reflejar un barbarismo, lo marcaremos en cursiva o entre comillas.

«El meu xiquet és el amo, del corral i del carrer, de la fulla de la parra, de la flor del taronger. La meua xiqueta és l'ama, sa mare no ne té més, se n'anirem a la fira i en comprarem dos o tres. No… no…» [Canción *La meua xiqueta és l'ama*, canción popular valenciana].

TONI: Un riu subterrani que aneu a al·lucinar, el més llarg de tot Europa.

BETLEM: Sí.

GUILLEM PARE: Sí… El més llarg del món, no?

CARME: Per lo menos!

TONI: Xe, Carme, per favor, que ho estiguérem mirant ahir. Dis-li-ho al teu home com és.

CARME: *Bueno*… Però ho vam vore quan érem uns *críos*.

TONI: Com són les coves?

CARME: Són grans, però les més grans d'Europa jo crec que no.

TONI: Les més grans de tot Europa, ho posa en el *folleto*.

GUILLEM PARE: I del món sencer, ja voràs…

DONA DE TONI: De tot Europa, diu…

TONI: Xe, Carme, dis-li com són les coves.

CARME: Quan anàrem érem uns críos, aleshores tu ho veus tot molt més gran.

Però les més grans d'Europa també…

TONI: Jo encara soc un *crío* o no? Vinga, va, per favor.

DONA DE TONI: No, la veritat és que no.

CARME: Si no *te* coneguérem…

TONI: Són iguals quan érem *críos* i ara.

BETLEM: Que fan els iaios ací?

GUILLEM PARE: Vaig a vore.

[…]

FORENSE: Ya pueden pasar. Per favor. Per favor, no… No pot tocar-lo. Perdone. Em sap molt de greu, però no… No pot tocar-lo.

GUÀRDIA CIVIL: Al parecer, su hijo se metió en una pelea por culpa de una chica con una banda contraria.

TONI: Ya…

GUÀRDIA CIVIL: Estamos recopilando información. En cuanto sepamos algo, le mantendremos informado.

TONI: Gracias. Muchas gracias.

GUÀRDIA CIVIL II: A ustedes.

GUÀRDIA CIVIL: A usted. Buenos días.

TONI: Buenos días.

[…]

CARMINA: Estàs bé?

GUILLEM PARE: Puja al cotxe, va.

BETLEM: Què ha passat?

GUILLEM PARE: Res. Va, puja.

CARMEN: El Guillem… Està molt malet.

CARMINA: I… Es posarà bé?

«I el vetlatori a l'albà, i el vetlatori a l'albà. Xiquetes, vol començar. Que està ja tot preparat i podeu anar ballant. El vetlatori a l'albà. La mare i el pare ploren. La mare i el pare ploren. No ploreu per el xiquet, que se n'ha pujat al cel i s'ha tornat angelet. La mare i el pare ploren» [Cançó. Letra de *Vetlatori*, de Pep Gimeno Botifarra].

BETLEM: Visca la terra!

JOVES: Lliure!

# Índice de tablas

# Índice de figuras

# Índice de gráficos

*colección*

# INTERLINGUA

*Director:* PEDRO SAN GINÉS AGUILAR • ANA BELÉN MARTÍNEZ LÓPEZ